بسم الله الرحمن الرحيم

علم اللغة المعاصر

نظرية وتطبيقاً

علم اللغة المعاصر

نظرية وتطبيقاً

تأليف

د. توفيق عزيز عبد الله البزاز

كلية الاداب / جامعة الموصل

الطبعة الأولى

1431هـ-2010م

المملكة الأردنية الهاشمية

رقم الإيداع لدى دائرة المكتبة الوطنية

2009/7/3076

401

البزاز، توفيق عزيز عبدالله

علم اللغة المعاصر: نظرية وتطبيقاً / توفيق عزيز عبدالله البزاز.- عمان: دار زهران، 2009.

( ) ص.

ر.أ : 2009/7/3076

الواصفات: / علم اللغة // الاتصال//

❖ أعدت دائرة المكتبة الوطنية بيانات الفهرسة والتصنيف الأولية

❖ يتحمل المؤلف كامل المسؤولية القانونية عن محتوى مصنفه ولا يعد هذا المصنف رأي دائرة المكتبة الوطنية أو أي جهة حكومية أخرى.

المتخصصون في الكتاب الجامعي الأكاديمي العربي والأجنبي

دار زهران للنشر والتوزيع

تلفاكس : 5331289 - 6 - 962+، ص.ب 1170 عمان 11941 الأردن

E-mail : Zahran.publishers@gmail.com

www.darzahran.net

المحتويات

المقدمة

عهد إلي منذ عام 1979 بتدريس مادة علم اللغة العام لطلبة الصفوف المنتهية وكذلك الدراسات العليا في عام 1997 في قسم اللغة الفرنسية إذ قررت أول مرة في جامعة الموصل، وقد حاولت جاهدا في هذا الكتاب ان أضع أمام الطلبة ما هو ضروري من المعارف اللغوية التي ينبغي عليهم أن يبداوا بها وخاصة في مجال علم اللغة العام و علم الدلالة وعلم الصوت نظريا وتطبيقيا. كما حاولت إلقاء الضوء على ما جاء به اللغويون الأوربيون واللغويون العرب القدامى والمحدثين. ولا بد من الإشارة إلى أنني استفدت كثيرا من الكتب اللغوية الفرنسية التي ترجمتها إلى اللغة العربية وذلك بنقل أفكارهم و آرائهم اللغوية، كما استفدت أيضا من أساتذتي العراقيين واللغويين العرب الذين سبقوني في هذا الميدان. وسوف يرى القارئ بان هناك أفكارا وآراء مشابهة في المؤلفات اللغوية العربية منها و الأجنبية وبهذا فاني لا ازعم انني أتيت بجديد في هذا المؤلف، سوى عرض وتقديم مختلف نوعا ما على ما هو مؤلف. إن تأليف أي عمل لغوي لا يخلو من عيوب سواء على الصعيد الأسلوبي أو التركيبي، وهذا الكتاب جهد متواضع عسى أن يستفيد منه الطالب العربي.

أتقدم بشكري الجزيل لزميلي الأستاذ المساعد الدكتور علي الشمري في قسم اللغة العربية في كلية الآداب لما بذله في قراءة وتصحيح الأخطاء لكتابي هذا.

و الله ولي التوفيق........

المؤلف

د. توفيق عزيز عبد الله

تموز 2008

الفصل الأول
علم اللغة وعلم السيمولوجيا

الفصل الأول
علم اللغة وعلم السيمولوجيا

علم اللغة: علم حديث يختلف بألفاظه عما هو معروف في العصر الجاهلي والإسلامي لحداثة الدراسات الخاصة به في عالمنا العربي والغربي فليس هنالك تعريف محدد كما أن مصطلحات هذا العلم لم تستو على مسوقها بعد فاصطلاحاً، "اللسان" و "اللغة" على سبيل المثال لهما مدلولات كانت تختلف عما عرفناه الآن، فاللغة من " ل، غ، و" تعني "مالاخير فيه من الكلام" أو بمعنى "الساقط من الكلام الذي لا طائل تحته" ولفظة لسان بكسر ـ تفتح. في قوله تعالى: "وما أرسلنا من رسول إلا بلسان قومه ليبين لهم فيضل الله من يشاء ويهدي من يشاء وهو العزيز الحكيم" ومعنى بلسان قومه" بلغة قومه [1]. ولا حاجة لنا في هذا الموضوع إعطاء شرح مفصل عن المفاهيم والاصطلاحات التي وردت في علم اللغة، و الأفضل إعطاء تعاريف حددها المحدثون من علماء اللغة الغربيين.

وعلم اللغة "La Linguistique" هو الدراسة العلمية للغة الإنسان كباقي العلوم الإنسانية أو العلوم الصرفة الأخرى. وقد يعرف أيضا بأنه العلم الذي يدرس نظام الإشارات الخاصة أي الإشارات اللغوية. أما علم السيمولوجيا أو العلاماتية أو الاشاراتية "La Sémiologie" [2] فهو العلم الذي يدرس جميع أنظمة الاتصال غير اللغوية بين الإنسان وأخيه، أي دراسة أنظمة الإشارات غير اللغوية ومنها: أشارات المرور وحركات الجسد والرقص،

والباليه وصافرات الإنذار وصفارات المعامل وأجراس الكنائس وإشارات الأدب والاحترام... إلى آخر ذلك. كما تعد دراسة هذا العلم مهمة في حياتنا نظرا لحاجتنا إليه في حياتنا اليومية. ومن الإشارات غير اللغوية. وللتعرف على مدلولاتها اثر مهم لاختلاف دلالاتها بين مجتمع وآخر. وكثيرا ما نسمع الآن أن تعريف السيمولوجيا: دراسة الأسلوب الانطباعي الذي يشمل دراسة كل الإشارات "Signes" غير اللغوية. وتطور هذا العلم على أيدي المهندسين خاصة في مجال الاتصال لكي يصبح هذا المصطلح أكثر مطاطية ومرونة من ذي قبل. مما جعل هذا الحقل العلمي صورة ناضجة ألبسته مفاهيم لغوية تحكي حقائق غريبة عنه. والسؤال الذي يطرح في هذا المجال ما هي علاقة علم اللغة بالسميولوجية؟

يرى فرديناند دي سوسير إن علم اللغة ليس سوى جزء من هذا العلم العام لكونه يدرس حياة الإشارات في قلب المجتمع. (3) أما لرولاند بارت يرى أن السميولوجيا جزء من علم اللغة وليس العكس لان كل نظام سيميولوجي يمتزج باللغة. (4) كما يرى أيضا أن كل مجموعة سيميولوجية من أنظمة مرور وإشارات ضوئية تتطلب استخدام اللغة. وباختصار إن الخصائص التي تميز الأنظمة السيمولوجية عن جميع المؤسسات الأخرى تظهر بوضوح في اللغة عندما تظهر في الإشارة التي لم تدرس بشكل كاف. ولهذا نرى بان سوسير اهتم كثيرا بلغة الكلام والمجتمع، وكذلك بالوظيفة الاجتماعية للإشارة والاتصال في حين كان اهتمام بيير كيرور (Pierre Guiraud) حول علاقة الإنسان بالمجتمع من خلال مفهوم الإشارة (Signe) و الشفرة (Code) اللذين يمثلان شكلين من إشكال الاتصال الاجتماعي وبهذا ميز في كتابه علم الإشارات بين الإشارات

(les Signes) الشفرات او القواعد (les codes) ويقع ضمن هذه الإشارات التي تدل على البطاقات الشخصية أولاً أسماء العوائل والأعلام والزي. وثانيا إشارات الاحترام التي تضم النبرة و إشارات الاستقبال والتحية وإشارات الإهانة...

أما القواعد فيقع ضمنها البرتوكولات أولها: الاتصالات بين الأفراد وثانيها الطقوس الدينية ويقصد بذلك العلاقة بين المرسل والجماعة والألعاب ثالثها تمثيل لحالة اجتماعية ما والأساليب و يقصد بها أساليب الأنظمة.

ولنتعرف في هذا الفصل على الإشارة اللغوية والإشارات غير اللغوية. فالإشارة بمفهومها العام تشير إلى وجود مادتين (أ)، (ب) تنوب أحداهما عن الأخرى وتمثلها، فيمكن ان تنوب (ب) عن (أ) ان هذا التمثيل و النيابة يوضحان لنا مفهوم الإشارات المختلفة. أما القرينة (indice) أو (index) في اللغة الإنكليزية فهي إشارة غير لغوية وغير موصلة و فرق بارت بين صنفين من القرائن:

1. القرائن المؤشرة لحصر المعنى وهي التي تشير إلى مناخ فلسفة شعور والتي تدل ضمنا.

2. والمخبرات التي تقدم معلومات مباشرة عن الزمان والمكان المعينين.[6]

كما عرف بيلون وفابر، القرينة: بأنها حدث يمكن حصوله بصورة مفاجئة، وتطلعنا على شي يخص حدثا آخر، لم يحدث بعد، وضرب مثلا واضحا: لذلك فعندما تكون السماء ملبدة بالغيوم فالقرينة لاتملك نية الإعلان عن الجو المكفهر، ولكنها تقود مراقب امن الساحل إلى رفع العلم الأحمر، وهذا العلم الأحمر عبارة عن إشارة مصطنعة تزودنا بالإيضاحات أو الإعلان بان

السباحة خطرة في مثل هذا الجو، في إشارة غير لغوية. أما الإشارة (signal) وجمعها (signaux) فتعرف بأنها عمل أو صيغ تستعمل لخدمة القرينة ومن خلال نية الاتصال نستطيع أن نميز بين القرينة والإشارة (signal) ويعرف الرمز (symbol) بأنه الإشارة (signal) التي تشير أو تدل على وجود علاقة منطقية في ثقافة محدودة مع العنصر الذي يدل عليه ويجدر القول بعدم وجود علاقة منطقية بين (أ) و (ب) كما انه ليس هناك علاقة بين العلم الأحمر والسباحة الخطرة، وتعد الإشارة بالعلم الأحمر رمزا (symbol).

بعد أن حددنا مفهوم الإشارات غير اللغوية التي تسمى باللغة الفرنسية (Signes non linguistiques) التي تقع جميعها ضمن علم السميولوجيا، فلا بد لنا أن نكمل الصورة بتقديم تعريف محدد للإشارة اللغوية (signe linguistique) تلك الإشارة التي تعد نقطة انطلاق لمعرفة علم اللغة. فالإشارة اللغوية كما عرفها فردبنارد دي سوسير في كتابه (Cours du linguistique General) أنها ارتباط متماسك بين الدال والمدلول ويقصد بالدال (Signifier) أو باللغة الإنكليزية (significant) الصورة السمعية والتعبير الصوتي، كما لا يوجد دال من دون مدلول. ويقصد بالمدلول مضمون المعنى، فالدال والمدلول متماسكان كخيوط القماش المحاكة ويمكن تمثيل الإشارة اللغوية بكلمة بطة على النحو التالي:

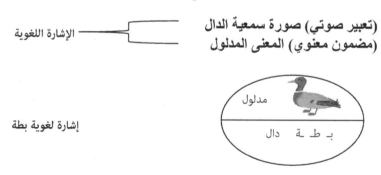

الإشارة اللغوية ⟶

(تعبير صوتي) صورة سمعية الدال
(مضمون معنوي) المعنى المدلول

إشارة لغوية بطة

مدلول

ب ـ ط ـ ة   دال

وما يميز الإشارة اللغوية (signe linguistique) أو المونيم (moneme) كما أطلق عليها اندريه مارتينه (Andre Martinet) عن سواها من الإشارات غير اللغوية العلاقة الاعتباطية بين الدال والمدلول، التي تعد في الوقت نفسه علاقة ضرورية. أي لا توجد علاقة داخلية بين المضمون الممثل بالحيوان (البطة) وسلسلة الأصوات الممثلة (بـ + طـ + ـة) والبرهان يظهر لنا في خلال اختلاف التسميات من لغة إلى أخرى للمدلول نفسه فنقول باللغة الإنكليزية (duck) ونقول باللغة الفرنسية (Canard) ونقول في اللغة الإيطالية (anatra) وغير ذلك.[8] كما تلازم الإشارة اللغوية والجملة اللغوية الزمن، أي إن وحدتين لغويتين لا يمكن أن تكونا في النقطة نفسها في السلسلة الكلامية وتكون قيمتهما في تتابعهما وتضادهما في السلسلة الكلامية كما يكون موقع الإشارة اللغوية في السلسلة الكلامية مميزا ويتغير معنى الإشارة بتغير موقعها، فعلى سبيل المثال نقارن الجملتين الآتيتين:

1. ضرب جاسم محموداً

2. ضرب محمود جاسماً

والإشارة اللغوية إشارة تفاضلية، أي إنها تحدث أو تدل بحضورها أو بغيابها أي نستطيع التحدث على أي شي نريده بحضوره أو غيابه بواسطة الإشارة اللغوية فهي إذن وحدة ثابتة ومنفصلة أي إن لفظ (بـ + طـ + ـة) لا يحمل سوى معنى الحيوان (بطة) وأخيرا فان الإشارة اللغوية تنتمي إلى النظام الذي يبني اللغة (la langue)*، وليس للإشارة اللغوية قيمة إلا باختلافها عن الإشارة الأخرى في النظام نفسه. إن الاختلاف السمعي بين (علم) و (قلم)

يكمن في اختلاف بين الأحرف الأولية [ع] و [ق] وهذا الاختلاف مابين الـدالتين وحـده كـاف للتمييز بين مدلولين مختلفين.

الهوامش

1. ينظر التهامي الراجي الهاشمي، توطئة لدراسة علـم اللغـة التعاريف: مشـروع النشر المشترك، دار الشؤون الثقافية العامة (آفاق عربية) بغـداد و دار النشر ـ المغربية، 1986 ص 13-17 "الآية 4 سورة إبراهيم".

2. يرى البعض أن علم الإشارات هو عبارة عن مقترحات أكثر من كونه علـى شكل نظام معلومات مرتب ولان علم اللغة قد هيمن علـى علـم الإشـارات بأسلوب ثابت. ينظر:

Ducrort Todorov, Dictionnaire Encyclique des Sciences Du langage, éd. du Seuil, 1972, p. 120..

3. ينظر:

Ferdinand de Saussure, Cours de linguistique général, p. 33.

4. ينظر:

Roland Barthes (Eléments de Sémiologie, dans Communications, n^0 4).

5. ينظر: Pierre Guiraud, la sémiologie, "Que sais-je",, n^0 1421, 1971, p 97-115. ونقصد بـ(Code) قانون السير أو الشفرة أو الرمز أو القواعد والقيود.

6. ينظر:كلمة (index) في قاموس السرديات لجيراد برميس ترجمـة السـيد إمـام، ميرت للنشر والمعلومات، القاهرة، 2003.

7. ينظر:

Christian BAYLON et Paul FABRE, Initiation à la linguistique, Nathan, 1975, p. 4.

8. ينظر: بيلون وفاء، المصدر نفسه ص 5.

الفصل الثاني
أنظمة الإشارات غير اللغوية

الفصل الثاني
أنظمة الإشارات غير اللغوية

يستخدم كل نظام مجموعة من الرموز لتدل على معاني معينة بصورة منتظمة وثابتة و الإنسان يستخدم الإشارات اللفظية واللالفظية على حد سواء تلك الإشارات التي يتعلمها عن طريق أبويه وجيرانه والمؤسسات الاجتماعية فحياتنا مليئة إذا بالإشارات ونظام الإشارة غير اللغوية له خصائص يمكن تحديدها في ضوء ما جاء به اللغوي أيميل بنفنست (Emile Benveniste) بالنقاط الآتية: [1]

1. طريقة الاستعمال.
2. المجال المعمول بها وشرعيتها.
3. طبيعة إشاراته وعددها.
4. طريقة العمل.

وفي ضوء ما جاء به أيميل بنفنست يمكن تطبيق هذه النقاط على النظام المروري المعمول به حاليا في بلادنا و البلدان الأخرى التي تستخدم هذا النظام أو ما يسمى باللغة الدارجة بالترافيك لايت (من اللغة الإنكليزية Traffic Lights) فقد أشار كل من يول فابر و كرستيان بيلون في كتابهما "توطئة في علم اللغة"[2] بان نظام الإشارات الضوئية المرورية تتميز بالظروف الخارجية و

الظروف الداخلية فالظروف الخارجية يقصد بها أسلوب عمـل هـذا النظام، الـذي يعـد نظامـاً مرئيا ينصب تحت سماء وهواء طلق، ومجاله الشرعي المعمول به الذي يجـب أن يكـون نظامـاً مفروضاً على أفراد المجتمع كما يجب أن يكون مطاعا لكي ينظم سير المركبات بـالطرق وعكـس ذلك يؤدي إلى الفوضى في سير المركبات. أما الظروف الداخلية والتي تكون ثابتـة فتشـتمل عـلى طبيعة الإشارات وعدد الاضوية ثلاثة، اللـون الأحمـر والـذي يـدل عـلى وجـوب توقـف سـائقي المركبات والعجلات عند هذه الإشارة ولا يجوز تجاوزها خوفـا مـن حـدوث الاصـطدام. واللـون الأخضر يدل على أن الطريق سالكة لسائقي المركبات والعجلات، أما اللون الأصفر الوسيط فيدل على المرحلة الانتقالية والذي لا يتجاوز مدة سوى بضع ثوان، أما إذا كان اللون الأصفر مستمرا بالوميض فعندئذ على سائقي المركبات والعجلات إتباع قواعد النظام المروري المتفـق عليـه وان شكل النظام ثنائيا مكون من تعارض اللوني الأخضر واللون الأحمر كما يبين في الشكل أدناه:

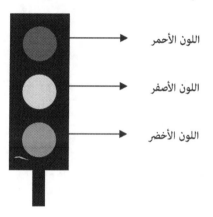

اللون الأحمر

اللون الأصفر

اللون الأخضر

ومن الظروف الداخلية أيضا نمطية العمل، إذ تعد العلاقـة التـي تـربط هـذه الإشارات الثلاث مع ما ترمز إليه كما اشرنا إليه سابقا علاقة تناوب وليست

علاقة متزامنة مطلقا. تجنبا من حدوث الفوضى في السير ونجاحاً لهذا النظام وقد صنف أميل بوسنس (Emile Buyssens) أسلوب الاتصال غير اللغوية ثلاثة معايير تسمح له بتقسيم كل نظام إشاراتي إلى ثمانية أصناف رئيسة للعمليات الاشاراتية:

فالمعيار الأول: هل تعد عملية تشوير نظاما أم غير نظام؟

عدّ الكاتب إشارات الطرق نظاما لكونها إشارات ثابتة لها قواعدها كما إنها تشكل نظاما خاصا بالاتصال. وعلى خلاف ذلك فقد ضرب لنا مثلا الرسم الـذي لا يمتلك وحدات ولا قواعد ثابتة فهو بالنسبة لنا وسيلة اتصال غير نظامي.

والمعيار الثاني: ما العلاقة بين مضمون الإشارة وشكلها؟ وبهذا المعيار فرق أميل بوسنس بـين الإشارات والرموز. فاللوحات التي توضع على وجهات المخازن تعد رمـوزا مثل رسم شوكة ومعلقة الطعام التي تدل على "المطعم" في حين إن الإشارة الصليب الأخضر عـلى اللوحة في فرنسا مثلا تدل على الصيدلية.

والمعيار الثالث: ما العلاقة بين المضمون وإشارات الرسالة؟ فمـن المعروف لـدينا أن الشكل الشفوي للغة يعد عملية إشارات مباشرة وليس هنالك تعارض بـين الأصوات المستلمة والإشارات التي يتم الاتفاق عليها فلو أخذنا على سبيل المثال لا الحصر- رمـوز إشارات مورس (Morse) التي تعد عملية إشارات غير مباشرة أو إشارات أو تحل محل اللغة، ولغرض الحصول على المضمون فان الإشارة تنقل في مورس إلى إشارة مكتوبـة صوتيا ومن ثم تنقل الإشارة من إشارة مكتوبة صوتيا إلى إشارة أو رمز

صوتي وهكذا تتم عملية الاتصال غير اللغوية في هذه العملية. ويمكن تقسيم الطرق أو السبل المستخدمة فالاتصال اللغوي والاتصال غير اللغوي إلى مايأتي:

1. صوتي- شفوي (التي تعد فيها الكلمة صوتيا كوحدة لغوية).

2. صوتي لا شفوي (فانبر، ونوعية الصوت والتوكيد)

3. لا صوتي – لا شفوي والتي تعد فيها الكلمة المكتوبة كوحدة لغوية.

4. لا صوتي ولا شفوي ويقصد بذلك تعابير الوجه والحركة والسلوك.

وهناك تصنيف آخر للوسائل المستخدمة في الاتصال الذي هو:

الوسائل اللغوية (Moyens linguistiques) التي تعـد اللغـة بمنطقها المـزدوج و الإظهار الصوتي الوسيلة الرئيسة في الاتصال اللغوي.

الوسائل اللغوية المصاحبة (Moyens paraliguistiques) ونقصـد بـذلك الوسيلة اللاشفوية والصوتية (نـبرة الصـوت) واللاشـفوية (مثـل الحركـة) والمعروفـة بـين أعضاء المجتمع.

الوسائل الغولغوية (moyen extra linguistiques) التي تفلت في سيطرة المتكلم في أثناء عملية المحادثة التي تنقل إلى المستمع مثل نوعيـة الصـوت المسـتمع و المعلومات البايولوجية والنفسية والاجتماعية للمتحدث.

يـرى جـورج مونـان (G. Mounin) أن مجموعـة الأفعـال الدلاليـة ودراسـة الأفعـال الاجتماعية والأفعال الحالية لا تناط إلى سيمائية الاتصال. و ميز أربعة أنماط من عملية الاتصال غير اللغوية:

1. عمليات المشايرة البديلة عن لغة الكلام مثل أبجدية الحروف والرمـوز الكتابيـة التي تدل على فكرة.

2. عمليـات الاتصـال النظاميـة التـي تسـتخدم فيهـا الحـروف والرمـوز الرياضـية وإشارات الطرق.

3. عمليات الاتصال النظامية التي تقرأ على مجريات الفضاء مثل الخرائط والرسوم البيانية وجميع أنواع رسوم وتخطيط الطرق.

4. عمليات الاتصال غير النظامية التي ترى عـلى اليافطـات في الفضاء مثل الصور والدعايات والصور التوضيحية.[3]

إن عمليات الاتصال غير اللغوية تتطلب وجود عناصر ثلاث هي:

مرسل ورسالة ومرسل إليه (مستلم الرسالة) وهذه العملية تتضمن:

ا. رمز أو شفرة الاتصال (code) أي إعداد الإشارات الرموز مقدما قبل عمليات الاتصال.

ب. الترميز (encodage) اختيار رموز الاتصال.

ج. القناة التي ترسل الرموز إلى القارئ اوالمستمع.

د. فك الرمز.

هـ الاستراتيجية أي كيفية عمل الجهاز أو الإلة أو السلوك الإنساني.

ولقد لفت أنظارنا كرستيان متيز (في مجلة الاتصالات العدد السابع 1966 في موضوع الاشاراتية)، بان العدد الأكبر من الأنظمة الاشاراتية تتضمن وتلجا إلى استخدام اللغة للتنويه والتعليق كتابيا على الخرائط الجغرافية والصور والإعلانات التي ترى في شوارع المدن ونحن نقول أيضا بان اللغة عادة ما تكون مصحوبة بأنظمة أو طرق اتصال أخرى.

الهوامش:

1. ينظر:

Emile Benveniste, la sémiologie de la langue, dans sémiotica, 1969, 1.2.

p 1-12, p 17-135.

2. ينظر:

Christian BAYLON et Paul FABRE, المصدر نفسه ص 12.

3. ينظر:

G. Mounin, Bulletin delà société de linguistique, 54, fasc. I., 1959, pp

76- 200.

الفصل الثالث

الحركة وسيلة من وسائل الاتصال غير اللغوية

الفصل الثالث
الحركة وسيلة من وسائل الاتصال غير اللغوية

تعد اللغة أفضل أداة اتصال بشري ابتكرها الإنسان، ويستطيع الإنسان الاتصال بأفراد مجتمعه اللغوي بها أو بإشارات غير لغوية، وان كان علم اللغة كما يعرفه علماء اللغة والالسنيون هو العلم الذي يدرس نظام الاتصال اللغوي بين بني الإنسان دراسة علمية، أو العلم الـذي يـدرس نظام الاتصـال اللغوي بـين البشر ـ بمـا يسمى الإشارات اللغوية (les signes linguistiques) فان علم الإشارات (la sémiologie) هو الذي يدرس نظام الاتصال بالإشارات غير اللغوية [1] ونقصد بـذلك: الحركـات المقصودة والطقوس والمـذاهب الرمزية كصيغ المجاملة والإشارات العسكرية والإيماءات والاتصالات اللاسلكية والهاتفية والإشارات البحرية والمرورية والإشارات الأخرى او المسموعة نحو: صافرات الإنذار وأجراس الكنائس والمدارس والمعامل وغيرها كما اشرنا في الفصل السابق.

فاللغة لا تنفرد وحدها نحو ما هو معروف "باستعمال الإشارات التحكمية الاعتباطية كما يقول التهامي" بل أنها توجد في كل ما يقوم بمهمة التبليغ، فالألوان من احمر وازرق واصفر واسود وابيض والإشكال من دائرات ومثلثات ومربعات والخطوط الغليظة والرقيقة المتتابعة منها وغير المتتابعة لتكون في قانون السير وفي الخرائط ورسوم المشاريع إمارات تحكمية"[2]. فاللغة نظام من

المعاملات الذي يعبر عن الأفكار، ولذلك فهي مشابهة لنظام الكتابة الأبجدية للصّم[3].

ونظرا لطول الحديث وكثرة تشعباته نرى من الأفضل في فصلنا هذا التأكيد على دراسة الحركة (le geste) والإيماء بوصفهما وسيلتين من وسائل الاتصال غير اللغوية لأن جزءا من كلام الناس يمكن أن يتحقق بمفعولهما نحو ما في أسطورة (بيرام وثيبة) فقد كان لقاؤهما يتم بالإيماء والإشارة. فالحركة في العرف العام: انتقال الجسم من مكان إلى أخر، أو انتقال أجزائه كما في حركة الرحى.[4] فكلمة حركه أي: أخرجه عن سكونه، وما به من حراك: أي حركة أما [5] الحركة (legeste) كما جاء في دائرة معارف لاروس فتعرف بحركة الجسم ولا سيما اليد والذراعين والقدمين والرأس والتي تكون غير دالة أو ذات دلالة معينة[6].

وقد أطلق سعيد علوش على الحركة مصطلح البدنية وعرفهما بقوله: "مصطلح يميز الفاعل، عامة، أو الشخصية في تموضعها بالبعد البرغماتي للخطاب"[7].

والعمل البدني أما برغماتي حين يحيل على نشاط جسدي مبرمج وأما تواصلي حين يقبل الجسد الإنساني أن يدل بإشارات ومواقف. وقد أطلق الجاحظ (ت 255هـ) مصطلح الإشارة على الحركة فقال "الإشارة فباليد، وبالرأس، وبالعين، وبالحاجب والمنكب، إذ تباعد الشخصان، وبالثوب وبالسيف وقد يتهدد رافع السيف والسوط، فيكون ذلك زاجرا، ومانعا، ورادعا، ويكون وعيدا، وتحذيرا.

والإشارة واللفظ شريكان، ونعم العون هي له ونعم الترجمان هي عنه وما أكثر ما تنوب عن اللفظ، وما تغني عن الخط، وبعد فهل تعدو الإشارة أن تكون ذات صورة معروفة وحيلة موصوفة على اختلافهما في طبقاتها ودلالاتها. وفي الإشارة بالطرف والحاجب وغير ذلك من الجوارح مرفق كبير ومعونة حاضرة، في أمور يسترها بعض الناس عن بعض ويخفونها من الجليس وغير الجليس. ولولا الإشارة لم يتفاهم الناس معنى خاص الخاص ولجهلو هذا الباب البتة. ولولا أن تفسير هذه الكلمة يدخل في باب صناعة الكلام لفسرتها لكم.

وقد قال الشاعر في دلالات الإشارة:

إشارت بطرف العين خيفة أهلها   إشـارة مـذعـور ولم تتكلم

فأيقنت أن الطرف قـال مـرحبا   وأهـلا وسـهـلا بالحبيب المتيم[8]

وقد ورد استعمال الرمز في القرآن الكريم بمعنى الإشارة إذ قال الله سبحانه وتعالى: "قال ربي اجعل لي أية قال آيتك أن لا تكلم الناس ثلاثة أيام إلا رمزا واذكر ربك كثيرا وسبح بالعشي والأبكار"[9].

وتعتمد الرموز على حواس الإنسان لأنها طابع جوهري لنشاطه الفعلي، وقد ذهب تمام حسان إلى أنها "تنقسم إلى ما يساويه عدد الحواس الإنسانية. فهي إما:

1. لمسية
2. ذوقية
3. شمية
4. سمعية

5. بصرية

فالرمز اللمسي كل ملموس له معنى خاص، فإذا تكلمت عن فلان الجالس بالقرب منك وأنت لا تراه، فان صديقك الذي يستمع إليك ويراه دونك سيغمزك، وستفهم أنت معنى الغمزة وان معناها بالتحديد هو التحذير من الاستمرار في الكلام، لان هناك شخصا يمكن أن يسمعه، ولا ينبغي لك أن تدعه يسمع ما تقول. وإذا دخلت من باب منزلك فاستقبلك طفلك عند الباب فرحا بقدومك فتعلق بك فتربت على كتفه، أو تمسح بيدك على شعره، وسيفهم هو بدوره من الربتة أو المسحة انك تحبه وتعطف عليه وإذا شاركت صديقك في ضحك لأمر معين فضربت بيدك على كتفيه في أثناء الضحك فسيفهم من ذلك زيادة درجة استمتاعه بالضحك وقوة مشاركته لك من الناحية الوجدانية في الظرف الخاص، وإذا ضربت إنسانا على قفاه، فسوف يفهم من هذا الضرب معنى المداعبة أو معنى الإهانة حسب اعتبارات اجتماعية"(10).

وتجدر الإشارة هنا إلى أن بعض علماء اللغة مثل بيركوريو قد حاول دراسة الحركة (les gestualités) كلغة الكلام مطبقا المفهوم السوسوري (F. de Saussure) وهو أن اللغة ليست سوى نظام إشارات (Système de Signes) لكن وجود ما يسمى بلغة الإشارة المستقلة يبدو غير مؤكد، لأن الإشارات والحركات - كما هو معروف - لا ترتقي إلى أبنية قواعدية. وقد فرق علي بن سليمان الحيدرة (ت 599 هـ) بين القول والكلام إذ لم يعد الإشارة كلاما لأنها غير مسموعة على الرغم من أنها تشترك مع الكلام كونها مفيدة فقال: (وأنما شرطنا أن يكون الكلام مسموعا مفيدا احترازا من مسموع غير مفيد كأصوات البهائم وزمير الطير وصدى الجبال ونحو ذلك ومن المفيد غير مسموع كالإشارات والوساوس والخطرات لان ذلك وشبهه لا يسمى كلاما). (11)

وثمة دراسة استقصائية أخرى تختلف عـن دراسـة الحركـة بوصـفها إشـارة لغويـة فهـي دراسة تتعلق "بالنصـوص الحركيـة" (texts gestucls) إذا صـح التعبـير والتـي تقـوم عـلى دراسـة الرقصات الشعبية والبالية والاكروبات والإيماء.(12)

ونرى في يومنا هذا في لغة الأطفال مع أمهاتهم إنهم يؤدون العديد من الحركات في أثناء الاتصال (Communication) فالحركة تتزامن مع الكلام في عبارة الوداع (au revoir) في الفرنسـية و (bye. bye) في الانكليزية التي تعد أولى المفـردات التـي يتقبلهـا الأطفـال في محادثـاتهم فهـي تتزامن مع حركة اليد.

والحركة نحو ما اشرنا سابقا تقسم إلى نوعين:

(para langage) أو (para linguistique) (Kinésique) أو (legeste) لغة الجسد التي تخص حركات الجسد دون أن تكون قانونا (Code) واضحا كما هـو موضـح في دراسـة الصـور آلاتيـة*:
ففي الصور ذات الرقم (1) الطبيب جالس وواضع ساقا عـلى سـاق وقـد لـف ذراعيـه مـائلا إلى الخلف بعيدا عن المريض مستمعا إليه ومحاولا فهم ما يقوله دون التفوه بشيء.

أما الصورة ذات الرقم (2) فنرى فيها الطبيب مائلا بجسده نحو الأمام وقد أزال تعضـيد يديه ولف الساقين فهذا الوضع يبدو أكثر فعالية وتفاعلا مع المريض وأكثر طمأنة له.

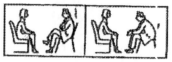

أما الدراسة الثانية في هيئة جلوس الطبيب، فنرى في الصور الأربع أن الطبيب يحرك ساقيه وذراعيه فالصورة (أ) تدل على إزالة لف الساقين والذراعين تدريجيا أما في الصورة (ب) فنرى انحناء الطبيب تدريجيا نحو المريض والصورة (جـ) هي مزيج من الصورتين أ و ب فهي جلوس تقليدي وتدل على اتصال بين المريض والطبيب ويطلق عليها الاتصال البدني (contact physique)

ونستطيع دراسة حركة الرأس في الصور آلاتية:

حيث نرى في الصورة ذات الرقم (1) الطبيب يصغي إلى المريض ورأسه مائل قليلا إلى الإمام وقد أزاغ عينيه عن المريض. أما في الصورة ذات الرقم (2) فنرى راس الطبيب مرفوعا وهذا يدل على نهاية الحركة الأولى منتقلا إلى الحركة الأخرى التي توضحها الصورة الثالثة وهي الاستعداد لتشخيص المرض فنرى رأسه مستقيما وهو ينظر مباشرة نحو المريض. أما الصورة ذات الرقم (4)

فنرى فيها راس الطبيب مستديرا بعيدا إلى الخلف ناظرا باتجاه الأمـام دون النظـر إلى المـريض وهذا يدل على نهاية تشخيصيه.

وقد أفرد الثعالبي في كتابه (فقه اللغة): بابـاً خاصـا في الكلام عـلى الحركـات والأشـكال والهيئات والضرب، فذكر قوله:أشار بيده أو برأسه، غمز بحاجبه، رمـز بشـفتيه، لمـح بثوبه[14]. وأما في تفصيل حركات اليد وأشكال وضعها وترتيبا فيقول: فإذا جعل كفيه على المعصـمين فهـو الاعتصام فإذا وضعها على العضدين فهو الاعتضاد فإذا حرك السبابة وحـدها فهـو الالـواء. فـإذا دعا إنسانا بكفه قابضا إصبعها إليه فهو إيماء: فإذا حرك يده على عاتقه وأشار بها إلى مـا خلفـه إن كف؟ فهو الايباء.[15]

إن السلوك يختلف باختلاف البيئـة الاجتماعيـة فمـن المعـروف أن اللغـة هـي النظـام الـرئيس في عمليـة الاتصـال بـين البشرـ وتصاحب اللغـة أحيانـا وسـائل أخـرى لأجـل الشرـح والتوضيح. وكل ثقافة عبارة عن شبكة معقدة من الأنظمة الدالـة تسـمح بأنمـاط مختلفـة مـن الاتصال، و اللغة ليست سوى احد مكوناتها. والثقافة كما يقول تراجيـه (Trager) هـي "مجمـل السلوك المتبع والمعروف مـن قبـل أفـراد المجتمـع"[16]. وعـلى هـذا نسـتطيع القـول أن الثقافـة تساوي الاتصال. فإذا أخذنا الحركة التي تمثل جزءاً. من الإيماء (la kinésique) على سبيل المثـال، في النصوص الأدبية المسرـحية لدراسـة الحركـات الفرنسـية المعـاصرة التـي ظهـرت بـين 1900 و 1945 وعلاقتها بالكلام نستطيع تمييزها على وفق الآتي فهنالك حركات مرافقة للكلام أو مكملـة له وحركات تحل محل الكلام.

ففي دراسـة علـماء اللغـة لحركـات الإيطـاليين السـاكنين في مدينـة نيويـورك وجـدوا أن الحركات التي يستخدمونها غير متماثلة مع حركات الإيطاليين الساكنين في ايطاليـا لأنهـم فقـدوا صفات الحركة الشعبية الخاصة بهـم ومميزاتهـا واقتربـوا مـن الأمريكـان[17] فمـدلول (Salut !) بالغة الفرنسية قد يعبر عنه بحركات مختلفة، كما أن حركة الرأس نفسها ولمس الجبهة باليد قد يكون لها مدلولات مختلفة باختلاف المجتمعات، لان كل مجتمع يمتلـك نظـام حركـة خـاص بـه كامتلاكه للغة خاصة به.

ففي المجتمع الفرنسيـ نـرى عـلى سـبيل المثـال لا الحصرـ حركـات معينـة لهـا دلالاتهـا الخاصة. فالحركة في الصورة (أ) تدل على الريب والشك ويعبر عنهما في اللغة الفرنسية بـ(mon oeil) وباللغة العربية المعاصرة (ياعيني) أو يا سلام! وفي الصورة (ب) تدل على (أنت مجنـون)، والتي تقابل (tues fou) في اللغة

الفرنسية، في الصورة (جـ) تعني هو (سكران أو مخمور) والتي يعبر عنها (il est ivre) والصورة (هـ) تدل على الحيرة في احد من الأمور. وفي الصورة (د) تعطي دلالة الكف عن الفعل. وفي الصورة (ن) تعطي دلالة طلب السكوت والكف عن الكلام وفي الصورة (ز) تعني لا شي أطلاقا.

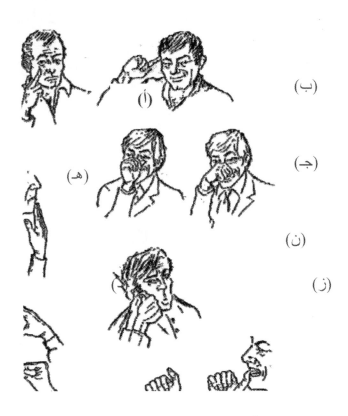

ونجد من خلال ذلك أن هناك وجها من الشبه في قسم من هذه الحركات في مجتمعنا اللغوي العربي. فعندما يقوم الإنسان بتجميع أشتات أفكاره قد يستخدم ما يسمى عادة بتاتاة الصوت (un oruhh) أو حروف علة. وقد يقوم الإنسان باستخدام بعض الكلمات للهدف نفسه فمثلا كلمة (Well) باللغة

الإنكليزية (حسنا) وكلمة (this) (este) في الأسبانية / الأمريكية. وقد تحدث الحركة وحدها وقد تكون مصحوبة بلغة الكلام.

فعلى سبيل المثال، إذا ما اقتربت فتاة من أبيها وطلبت منه موافقته على زواجها، و كان جوابه ذرع الغرفة جيئة وذهابا فقط، فهذا يعني موافقته إما إذا كانت الحركة بروز الشفة السفلى وهز الكتف فالحركة المرئية هنا تعطي خلفية الاعتذار والتردد في القبول في فرنسا. وتقسم كل من الحركات المسموعة والمرئية التي تصاحب الكلام على نوعين رئيسين وأربعة أنواع ثانوية:

النوع الرئيس الأول من الحركات هو الحركات المكتسبة (learned gestures) وهي مكتسبة لأنها جزء من ثقافة المتكلم كما هي الكلمات. وتلك التي في المرتبة الثانوية الأولى التي يطلق عليها (لغوي)، تشبه الكلمات كثيرا إلى درجة إن كثيراً من الناس يعدون الأمثلة المسموعة كلمات حقيقية وفي الحقيقة فان عدداً منهم لديه تهجئة قياسية: un huh للكلمة نعم huh yes للكلمة (لماذا) (what) وهمن (haman) لكلمة أتعجب (wander) (tsk-tsk) لقعقعة اللسان تستخدم للدلالة على الرفض وهكذا.

ويتضمن هذا النوع الثانوي تحريك اليد (وداعا) ودفع اليدين مع رفع الكتفين وراحتي اليدين لتدل على (لا اعلم) ووضع السبابة على الشفاه لتعطي معنى (اصمت) وغالبا ما تكون مصحوبة بـ (اش)، (اش) وقد تستعمل حضارات أخرى حركات لغوية مختلفة أو مشابهة ولكن مع إختلاف المعاني. أن حركة تعال هنا هي رفع اليد والإيحاء بالأصابع باستثناء أن راحة اليد تؤشر إلى الأسفل، والتي قد تعطي انطباعا خاطئاً لـ(التحية أو الاستدعاء).

النـوع الثـانوي الثـاني هـو الإشـارات المسـتعملة المرسـومة وفيهـا يحـاول المتصـل (destinateur) تقليد بعض الأشياء الدالة. كالحركـة المسـموعة لصـوت النحلـة (bzzz) ولإطـلاق النار لمدفع رشاش مفضل للأطفال و (ah-ah-ah) وفي بعض الحالات يستعمل الصـوت الحقيقـي رمزا لصوت الغط في النوم.

الإشارة المرئية للحدود هي رسم دائرة بالإصبع وفتح اليدين للدلالة على سـعة المسـاحة. ورفع اليدين إلى الأعلى للدلالة على الارتقاء على الأرض والمتكلم الذي يقول (دفعته إلى الإمـام) يتمثل بدفع اليد في الوقت نفسه.

النوع الثاني هي الحركات الفطرية مع أنواعها الثانوية الإرادية وغير الإرادية لا يتوجب على احد أن يتعلم أو يضحك أو يبتسم أو يصرخ أو يرمش عندما يدخل شئ غير متوقع للعين. ان هذه الأعمال تسيطر عليها الأعصاب التي لا يمكن أحيانا تفاديها حتى بعد الممارسة أن الحـد الفاصل بين الأعمال الإرادية والأعمال غير الإرادية متغير. فالجزء الامبي الذي يسيطر على الأعمال الإرادية يحظى بنظام أعلى وهذا يعود على قياسات العمل الإرادي والاختياري لردود الأفعال لدى بعض الحيوانات التي تكون ردودا اوتوماتيكية.[19]

ان هدف الابتسامة بعث المسرة في النفس وليس الخداع. وان الضحكة الكاذبة وذرف دموع التماسيح حركات فطرية أصبحت جزءا من إعمال التشريفات.[20] وان الحركات الفطريـة تميل عادة إلى إظهار الجزء وإخفاء الأخر... فالإمساك بالبلعوم (أو الحنجرة) تعوض عن البكـاء وانقباض البلعوم وإصدار صوت يرمز إلى الغضب الشديد من جراء إلحاق جرح.

إن حركات الأيدي والرأس تستعمل عادة لدعم المقاطع التي يقع عليها التوكيد. فرجل بعيد جدا لا يسمع جيدا على سبيل المثال يمكن أن يخاطبه المرسل بضرب الوجه أو أي مكان آخر بقبضة اليد فيفهم البعيد ما أراد المرسل.

وثمة حركات أخرى تصدر عن أعضاء الإنسان المختلفة ولها دلالاتها الواضحة نحو (حركة العين) (eye movement) التي تعد من الإشارات التلقينية التي تدل على تغير وشيك بين التناوب عند الحديث.

ان بعض المؤسسات مثل المدارس والمؤتمرات والبرلمانات توجد إشارات نمطية رسمية لتغير الدور وذلك مثل رفع الأيدي عندما نرغب في الكلام.

وهناك أمثلة واضحة على استخدام حركة الرأس للدلالة على الإجابة بـ"نعم" أو بـ"لا" وثمة اختلافات ثقافية في أنواع إيماءات الرأس المستخدمة، ففي أوربا الغربية والولايات المتحدة مثلا تستخدم حركة الرأس من أعلى إلى أسفل للدلالة على "نعم" أما الثقافات الأخرى مثل (شرقي البحر المتوسط فتستخدم الحركة من الأسفل إلى الأعلى. وهناك حركات تساعدنا على الإشارة المضمون (content markers) مثل استخدام الاصابع للعد والإحصاء. ولكل ثقافة مجموعة من الحركات الجسدية خاصة بها.(21)

وتتزامن الحركة والغناء وقد تكون مقصودة وغير مقصودة فعلى سبيل المثال كثيراً ما يجري الحديث عن المسرح الشعبي وعن أسلوب الحركة وتأثيرها والانتقالات والإيقاع، دون أن تعرف اصل هذه الحركات ففي ايطاليا مثلا هنالك أغنية شعبية أثرت في التقليد الموسيقي في عموم أوربا والتي تدعى (سانتو ابالو) (canto a ballo) فالمرء عندها يستمع إلى كاريسيمس

(Carissimi) أو بند تومارسيلو (Benedetto Marcello) أو باخ (Bach) مثلا فانه يسمع إيقاعات معينة يظن إنها إبداع موسيقي، ولكن هـذا غيـر صحيح لان مثل هـذه الايقاعات الأغنيـة الشعبية الصقلية القديمة فيوري تتولانو (Fiori Tutto L'anno) فاننا سنسمع في إيقاع هـذه الأغنية تقاطعات نغمية وان جزءاً منها يعني دون كلام. فلو تتبعنا اصل هذا الإيقاع لرأينا انه جاء من الغناء في أثناء العمل في صقلية، حيث كان الرجال يوترون الحبال في الكهوف الضخمة وأرجلهم تتحرك واحد، اثنان، ثلاثة، أربعة، واحد، اثنان، ثلاثة، أربعة مشابهة لخطوات الـرقص ومزامنة للغناء ومرافقة لحركات الأرجل والأيدي في أثناء توتر الحبال.[22]

وقد تكون الإشارة ذات مضمون اجتماعي إذ ان فن الحـوار الـذي يقـوم عـلى الحركـة والكلام الشفهي يوضح لنا مدى تطابق الوحـدة الدالـة مع التمثيل المسرحي الملحمـي هـذه الوحدة تستند إلى أوليات متعلقة بالإشارة. وقد أولى بريخت (Brecht) هذه الوحدة بنظريته عن المسرح الملحمي أهمية كبيرة وسماها (Gestus sociale) حيـث قـال: "يقصد بالحركة ذات المضمون الاجتماعي التعبير الاشاري المادي- تبديل ملامح الوجه مثلاً- والكشـف عـن العلاقات بين الشخوص في عمر معين.

وتبين الوظيفة الأساسية عند بريخت تحديد العرض المسرحي وتقطيعه، أما عنـد الـراوي فأنها تأخذ بعداً أضافياً ألا وهو الانتقال من زمن السرد إلى زمن التمثيل.[23]

فقد أشار مشيل تورنيه (Michel Tournier) في مقالته عن التمثيل الروائي إلى أن أنطوان فتز (Anktoine Vitez) فقد ثبت المفهوم الآتي "ان الشئ الذي لا نستطيع ان نمثله نرويه والـذي لا يحتاج إلى رواية نمثله". [24]

إن (gestus) وحدة من مجموعة علاقات متغيرة تعبر تارة عـن العلاقات الاقتصادية والاجتماعية التي ترسم شخصيات مختلفة فيما بينهما عبر عصور طويلة، وتارة أخرى هـي إشارة صغيرة جدا تعبر عن المقاومة أو الإذعان (مثل تشنج أو انقبـاض زائـل عـن الجسـم). الا يوجد هناك فرق بين وسيلة دقيقة جدا ومحددة جدا (gestus) وبساطة الأدب الروائي الهـاوي؟ وفضلا عن ذلك لا يسمح للممثل في مسرح برخت أن يشرح أبدا خـلال العـرض حتى إن كـان وحيدا أو حتى عندما يتجاوز في بعض الأحيان هذه الشخصية ليصبح راويا مما يجعلـه يتحمـل وحده أعباء الشخصيات الأخرى.

ومع ذلك فان عبء الراوي ليس بهذا الثقل بحيث يمكن التفكير بـه مسبقا لان هـذا يعود إلى الجمهور الذي يستأثر بعمل الراوي ويحققه خالياً ويبني شخصيات يصممها الراوي.

أن مقدم التمثيل المسرحي الملحمي سيكون له وظيفة واحدة هـي كيفيـة جعل حس مجموعته مرهفاً بأهمية الـ (gestus) إن تركيب الحوار بسيط جـدا والـراوي يجب أن يـؤدي دور شخصيتين في المشهد نفسه، الأول يفعل والثاني يـرد وبنـاء علـى فعـل الثـاني يتصـرف الأول هكذا.

بعد أن استعرضنا الحركة، لابد لنا في فصلنا هذا من أن نلقي الضوء على الإيماءة والفـن الإيمائي الإيماء كما جاء في القاموس الجديد: [25]
أو ما يؤميء إيماء إلى غيره: أشار، قال البحتري:

هبك تستمع الحديث فما علـ ـمك فيه بالغمز والإيماء [26]

والإيماء عند ابن منظور كما جاء في "لسان العرب"[27] الإشارة بالأعضاء بالرأس واليد والعين والحاجب، وإنما يريد به ها هنا الرأس يقال أومأ إليه اومئ إيماء.

أما فن التمثيل الإيمائي (pantomime) فيقصد به التمثيل الصامت الذي يعتمد على الإيماء والحركة دون صوت. والمسرحية الإيمائية مسرحية لأدور للحوار فيها، بل يكون التعبير فيها بالإيماء الصامت والحركة الإيقاعية. ليس من السهل أن نفصل أو نميز بكل تأكيد بين الفن الإيمائي (pantomime) والمأساة المسحية "الإيمائية" (mimodrame) التي تطورت أشكال الألعاب الصامتة فيها عبر العصور فالمسرحية الإيمائية جاءت من اصل يوناني ومعناها الشخص أو الممثل الذي يؤدي دوره من دون كلام أي بمعنى انه صامت. إن "ديكروس" و "بارولت" يعدان أفضل الأمثلة على الرواية الإيمائية الحديثة الموجودة في الأفلام المضحكة لشابلن (Chaplin) وكيتون (E. Keaton).[28]

ولديمومة وضمان استمرار الحديث بين المتكلم والمستمع وضمانها يترتب وجود مؤشرات قد لا تدخل جميعها في عملية الاتصال (Communication) وهذا يطلق عليه بالمنظم ورد الفعل الارجاعي (Le feed-Back regulator) فقد أشار دنكان (Duncan) إلى ستة مؤشرات[29] وهي كما يأتي:

- إيماءات مثل هم، هم (hum و hum) ونعم (oui) أو هكذا (Qusai) وبالضبط (C'est ca).

- مكملات العبارات، يستطيع المستمع اكمال العبارة التي بدأها المتكلم.
- إعادة صياغة ما ذكره المتحدث.
- طلب التوضيح أورد فعل يدل على الدهشة.
- القيام بحركات الرأس.
- النظر إلى المتكلم.

ان رد الفعل الارجاعي في أثناء عملية الاتصال يؤكد للمتكلم اهتمام المستمع به في أثناء الاتصال. ويرغب المتكلم بمعرفة رد فعل المستمع وذلك بإشارات مجتمعة عندما تكون نظراته موجهة إليه.

ويمكن ان نستنتج مما ورد أعلاه إن الحركة أو الإيماء أو الإشارة أو الرمز سواء كانت مقصودة أو غير مقصودة فهي وسيلة من وسائل الاتصال غير اللغوي.

فالرموز (Les emblèmes) يمكن إن تعرف بأنها حركات غير شفوية لكن لها ترجمة شفوية مباشرة.

إن الرموز لها معنى معروف لدى أغلبية الناس الذين ينتمون إلى مجتمع حضاري وثقافي واحدة. وتستخدم في معظم الأوقات عندما يكون هنالك عائق يمنع وصول الكلام أو وجود ضوضاء أو ما شاكل ذلك. ويمتلك كل مجتمع من هذه الرموز بحدود 150- 200 رمز. وان معظم معاني هذه الرموز لها دلالات سلبية كرفع الكتفين والتصفير وإخراج اللسان. [30]

وكلما درسنا الرموز نلاحظ ازدياد المعاني والدلالات والرمز الواحد قد يدل على عدة معان فمثلا حركة الإصبع إلى الأذن يراد بها أن المستمع لم يستمع

جيداً أو كـرر ذلـك أو تكلـم "بصـوت مرتفـع (La situation de communication) [31] أو "مـاذا" ويجب أن لا ننسى بان معنى الرمز يعتمـد عـلى حالـة الاتصـال. كـما ان هنالـك حركـات تقـوم بالمحافظة على متابعة الكلام والاستماع تسمى بالمنظمات (régulateurs) حيث يحدث مـا يشـبه التفاعل بين الكلام والحركة. ان هذه الحركات تقـوم بالحفـاظ عـلى اسـتمرارية المحادثـة. قـد يحدث بان يقوم المتحدث بحركات منظمة أمام المستمع من اجل التفاهم يمكن لهذه الحركات أن تتغير بمرور الزمن وللمجتمع دور فعال في تكوين هذه الحركات وان أكثر الحركات تكـرارا واستعمالا والتي يعرفها النـاس هـي تحريـك الـرأس والعينـين واللمـس وقـد صـنف كوسـنية (Cosnier) عددا منها وأطلق عليها اسم التوافقية (Les adopteurs) إن صح التعبير وهـي تقـع ضمن وسائل التفاهم كما تتعلق بالحركات التي تحدث تلقائيا وبالتتابع في أثناء الكلام.

فاللمسة في أثناء الكلام وسيلة من وسائل التفاهم. كـما أن هنالـك حركـات أخـرى قـد تحدث في أثناء الكلام مثل حركة القدمين أو اليـدين وخاصـة الحركـات التـي تقـع في الجـزء العلوي من جسم الإنسان فكل هذه الحركات تسمى باللغة الفرنسية (Les adopteurs) وأخـيرا نستطيع القول إن الإنسان قد تمكن من دراسة فن التعبير بالإيماء ومعرفة اقل حركـة عضـلات الوجه وربط الحركة بالتأثيرات مثل المفاجأة والخوف والاشمئزاز والغضب والفرح والتعاسة.

الهوامش

1. ينظر Baylon et Fabre. Initiation à La Linguistique وهناك رأي آخر ينظر: جوثنان كلر 1988 في كتابه (تاطير الإشارة).
2. ينظر توطئة لدراسة علم اللغة: التعاريف: 110- 111.
3. ينظر: فصول في علم اللغة ف. دي سوسير، ص،40.
4. المعجم الوسيط: 168/1.
5. لسان العرب، سادة (حرك) 10/ 410.
6. ينظر:Grand Dictionnaire Encyclo Pedique Larousse مادة (Le geste).
7. ينظر: معجم المصطلحات الأدبية المعاصرة، ص 28.
8. البيان والتبيين، 1/ 77- 78.
9. سورة ال عمران الآية 41.
10. اللغة بين المعيارية والوصفية، د. تمام حسان، ص 106.
11. كشف المشكل في النحو، على بن سليمان الحيدرة 1/ 165- 166.
12. لمزيد من التفصيل ينظر: مادة (gestualité) في Sémotique Dictionnaire raisoné de la théorie du langage ص 164.
13. ينظر: Initiation à La Linguistique، ص 27- 28.
14. فقه اللغة، الثعالبي، ص 278.
15. المصدر نفسه، ص 278.

16. ينظر: Languages, No. 10, Pratiques et langages gestuels، ص 68.

17. لمزيد من التفاصيل ينظر: Initiation à La Linguistique، ص 23.

18. المصدر نفسه 28.

19. لمزيد من التفصيل ينظر: Dwight Bolinger, Aspects of language،ص 18- 19

وكذلك

Key, Mary Ritchie, Preliminarry remarks on Para-language and Kinesics in Human communication, la linguistique, M2, 17- 36.

20. Pierre Quiraud, la sémiologie, Que sais- je? No. 1421, p. 97.

21. ينظر: علم الاجتماعي ويدسن ترجمة د. محمود عبد الغني عياد: 230 – 232.

22. لمزيد من التفصيل ينظر:

L'interview de mont ration de Darion Fo a L'Université de Vincennes le 26 janvier 1974, recueillié dans les cahiers du Cinéma 250, mai 1974.

23. ينظر:

Benjamin Walter, Essais sur Betolt Brecht, surtout les 38 premières pages.

Sallenave Dani ele Vitez Antoine, Faire théâtre de tout, pp. 116- 137.

24. ينظر: القاموس الجديد لـ علي بن هاوية بلحس البلش الجيلاني لسنة 1980.

25. البحتري/ ج1، ص 91، طبعة دار مصعب بيروت.

26. لسان العرب.

27. لمزيد من التفصيل ينظر: "GDEL, Vol. 8 "Pantomime.

28. ينظر:

Duncan, Fiske D. w., Face to face interaction, 1977 p. 79.

29. ينظر:

F. Vanoye, J. mouchon et J- p sarrazac Pratique de L'Oral, Paris, 1981, p. 73.

30. لمزيد من التفاصيل ينظر:

Ekman P. Friesen V. W., The Repertoire of non Verbal Communication in semiotica, pp. 49- 97.

المصادر والمراجع

العربية:-

- البيان والتبين، الجاحظ، تحقيق عبد السلام هارون، مؤسسة الخانجي، القاهرة، ط3.د.ت.

- توطئة لدراسة علم اللغة: التعاريف، د. التهامي الراجي، الهاشمي، دار الشؤون الثقافية العامة، دار أفاق عربية، بغداد، 1986.

- ديوان البحتري، تحقيق حسن كامل الصيرفي، المجلد الأول، دار المعارف، القاهرة، 1963.

- فصول في علم اللغة، ف. دي سوسير، ترجمة د. احمد غنيم الكراعين، دار المعرفة الجامعية أسكندرية، 1985.

فقه اللغة، أبو منصور الثعالبي، تحقيق مصطفى السقا وآخرون، مطبعة ألبابي، الحلبي، القاهرة، 1972.

- القاموس الجديد، علي بن هاوية باسس البليش الجيلاني بن الحاج يحيى، الشركة التونسية، 1980.

- قاموس اللساينات، د. عبد السلام المسدي، الدار العربية لكتاب، 1984.

- علم اللغة الاجتماعي، د. هدسن، ترجمة د. محمود عبد الغني عياد، دار الشؤون الثقافية العامة سلسلة المائة كتاب، بغداد، 1978.

- كشف المشكل في النحو، علي بن سليمان الحيدرة اليمني، تحقيق د. هادي عطية مطر، ج2، مطبعة الرشاد، بغداد، 1980.

- لسان العرب، للإمام العلامة أبي الفضل جمال الدين محمد بن مكرم ابن منظور الأفريقي المصري، دار صادر، بيروت، 1956.
- اللغة بين المعيارية والوصفية، د. تمام حسان، دار الثقافة، دار البيضاء، 1980.
- معجم المصطلحات الأدبية المعاصرة، عرض وتقديم وترجمة د. سعيد علوش، منشورات المكتبة الجامعية، الدار البيضاء، 1984.
- معجم المصطلحات اللغوية والأدبية، د. علية عزت عبادت، دار المريخ، قطر، مطبعة الرياض، 1984.
- معجم الوسيط، إبراهيم مصطفى وآخرون، المكتبة العلمية، طهران، د. ت.

الأجنبية:-

Greimas, A. J. Courte, J. Sémiotique Dictionnaire raisoné de la théorie du langage, I, Hachette Université 1983.

Benjamin walter, Essais sur Bertolt Brecht, traduction de Paul Lavean, François Maspero, "Petite collection" No. 39, Paris 1969.

Angusto, Boal Théâtre de Lopprim, traduction de D. Lamann, François Maspero, coll. " Malgré tout" dirigée par E Copfermann, Paris 1977.

Christian Baylon et, FaBRE, Paul, Initation à la linguistique, Nathan, 1975.

Consnier J et Dahan G., " Semiologic des quasi linguistiques " in Psychologie médicale, 1977.

Duncan S., Fiske D.W., Face to face interaction, L. Erlbaum, 1977.

Ekman P., Friesen V.W., "The Re-pertoire of non verbal Communication" in Semiotica, 1, 49-97, 1969.

Vanoye, F. Mouchon, J. Sarrazac, J.-P., Partiques de L'Oral, Armand Colin. Collection U, Paris 1981.

Grand Dictionnaire Encoclopedique larousse.

Languages, No10, Pratiques et langages gestuels, Didier-larsusse Juin 1968.

Guiraud Pierre, la sémiologie, Que sais-je? No. 1421, 1971.

Sallenave Daniele, Vitez Antoine, "faire théâtre de tout. Entretien" Digraphe, VIII, Flammarion, 1976.

Dwight Bolinger, Aspects of language, 2nd ed. Harrcourt Brace Jovanvich inc., 1968.pp.18-19.

الفصل الرابع

النظـــام اللغــــوي

الفصل الرابع
النظـــام اللغـــوي

سبق وان قدمنا تعريفا لعلم اللغة بأنه العلم الذي يدرس عمليا لغة الكلام. ومن هذا المبدأ انطلق علماء اللغة بدراسة اللغة (La langue) ومن هولاء العلماء، العالم اللغوي همسلف (Hielmslev) الذي لاحظ أن اللغة تعد الموضوع الرئيس والخاص لعلم اللغة. وانطلاقا من هذا المبدأ يجب معرفة لغة الكلام أولا في حين يرى مارتنية (A. Martient) العالم اللغوي الفرنسي بان علم اللغة يدرس بصورة رئيسة اللغة ويدرس لغة الكلام بصورة هامشية. ويمكن استنتاج مما جاء في أعلاه مفهومين لعلم اللغة:

المفهوم الأول: اعتبار علم اللغة وصفا للغات حيث يعتمد هذا المفهوم على الملاحظة الموضوعية للسلوك اللغوي للإنسان الناطق كما يصف علم اللغة كل ما يميز خاصية حالة لغة معروفة معتبرا الدراسة حالة معينة للغة يمكن أن تتضمن قيمة تفسيرية وقيمة وصفية معاً. وبهذا يعد علم اللغة نظاماً من الإشارات اللغوية إذا فرضنا بان اللغة هي نظام خاص من الإشارات اللغوية فعليه تعد الإشارة الأولية أو ما يطلق عليها بالمونيم (monème) هي الركيزة الأساسية في دراسة هذا النظام والإشارات اللغوية مؤلفة من دال (Signifiant)

ومدلول (Signifie) فمدلول المونيم بطة هو الحيوان (البطة) أما الدال فهو شكلها الصوتي الذي يتضمن عددا معينا من الوحدات الصوتية التي يمكن تقديرها بعدد من الحروف [ب/ ط/ ـة] وهذه الوحدات الثلاث تعد اصغر الوحدات في النظام اللغوي والتي يطلق عليها بالفونيمات (phonèmes) فإذا أخذنا الفونيمات [ع/ ل/ م] على سبيل المثال.

استطعنا أن نكون منها علما أو عملا أو لمعاً الخ ولكل دال من هذه الألفاظ دلالة معينة أوحى بها الترتيب الخطي للفونيمات يتضح من هذا إن الترتيب النسقي للفونيمات له الدور المهم في تحديد دلالة الألفاظ. فعلم الفونولوجي أو علم الأصوات الكلامية (La phonologie) إذن هو العلم الذي يعالج تقطيع الدال (Sa) إلى فونيمات (phonèmes) ومن ثم يعرف كل فونيم من هذه الفونيمات لكي يقوم أخيرا بتصنيفها. وعلم الصوت الذي نراه خارج عن علم اللغة في الشكل الآتي يدرس الأصوات من حيث نطقها وانتقالها وإدراكها وله عدة أفرع منها علم الصوت النطقي الذي يعنى بوصف مخارج الأصوات وعلم الصوت الفيزيائي الذي يدرس الأصوات من ناحية فيزيائية ويعني بحركة مصدر الصوت وتردده... وعلم الصوت السمعي الذي يعنى بالعملية السمعية وعلم الصوت التجريبي الذي يعنى بدراسة الآلات لرسم مخارج الأصوات. سبق وان قلنا بان الإشارة اللغوية تتكون من دال ومدلول (المضمون) وان مجموع المضامين أو المدلولات تكون المعجم للغة ما.

ويعدُّ هذا المعجم مادة علم المعاجم (lexicographie) أي صناعة المعاجم من حيث جمع البيانات واختيار المداخل وترتيبها ومفرداتها في حين إن علم

المفردات (lexicogie) يعنى بالدراسة العلمية للمفردات من حيث اشتقاقها وتطورها ودلالاتها وتعدد معانيها ومرادفتها. وعلم الدلالة (la sémantique) يعنى بدراسة الدلالات اللغوية كما يدرس العلاقة بين الرمز اللغوي ومعناهُ ويدرس تطور معاني الكلمات والعلاقات بين كلمات اللغة وكذلك تطور المعاني ويدرس علم الصرف (la morphologie) الذي يعد فرعا من فروع القواعد ويعنى بدراسة تنوع في الدال (sa) لإشارة لغوية ما حسب السياقات التي يظهر فيها. ويبحث علم الصرف أيضا في ترتيب الكلمات من حيث السوابق واللواحق والدواخل والجذور، وأما الفرع الأخر من علم القواعد فهو علم النحو (syntaxe) الذي يعنى بدراسة ارتباط المونيمات في الجملة وكذلك يعنى بدراسة وظائف المونيمات وأنواعها.[1] وفي المفهوم التقليدي يطلق على علم الصرف والنحو بالقواعد (la grammaire).

مما تقدم في أعلاه يتضح لنا بان مكونات علم اللغة وحسب الرأي السائد في الوقت الحاضر يتكون من العلوم آلاتية كما بينها لنا كل من بيلون وفابر: في الرسم الآتي:[2]

Linguistique علم اللغة
الإشارة Sgine
grammaire قواعد
morphologie علم الصرف
syntaxe علم النحو
Signe- mooerne
مونيم إشارات لغوية
دال Signifixe
signifie مدلول
مجموعة من الدوال
Lexique (nsembledes)
lexicologie علم الألفاظ
lexicographie علم المعاجم
vocabulaire علم المفردات
semantique علم الدلالة
Phoneme
فونيمات
Phonologie علم الأصوات الكلامية
mouvements علم وظائف
physiologique الحركات
Phonetique
علم الصوت

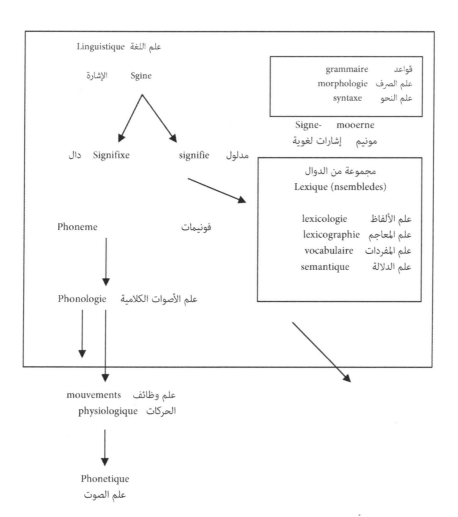

حقيقة موجودة	Realites exterieures
حقيقة مجردة	Idees abstraites
↓	
علوم فزيائية	Sciences physiques
علوم منطقية	Sciences logiques

ونستنتج من الجدول في أعلاه بان اللغة تعد نظام إشارات ولا تعرف هذه الإشارات إلا عن طريق المعارضة و ان مجموع هذه المعارضات تكون نظاما. أو بالأحرى نظام الأنظمة الذي يشتمل على نظام صوتي ونظام نحوي ونظام معجمي. ويقول بروندال (V. Brondal) "كل شي نظامي عند وصف لغة معينة أي إن أية لغة تتكون من مجموعة من العناصر المتماسكة: نظام أصوات أو فومينات ونظام شكلي ولكلمات (مومينات و سيمامنتيم أي تكون اللغة من مجموعة متناسقة وان كل عبارة تعتمد على الأخرى.[3] ويقول التهامي في هذا المجال أيضا يتكون البلاغ من جهة من وحدات موحية مختلفة بعضها عن بعض إذا ما اعتبرنا البلاغ على مستوى التقطيع الأول بمعنى انه

يستعمل على وحدات دالة يعاكس بعضها البعض دون ما تدرج كما يتكون، من جهة أخرى. من وحدات مميزة مختلفة بعضها عن بعض، ولا توحي بمعنى إذا ما اعتبرنا البلاغ على مستوى التقطيع.[4] وكما يؤكد فكرة الفكرة التي جاء بها وتني (Whitney) وما نسميه "النظم" الذي يعد أن لا قيمة للألفاظ، كوحدات، إلا في علاقة بعضها ببعض، وان استقلالها يكاد يكون معدوما.[5]

كما جاء في القاموس اللغوي بان اللغة تعد نظاما على المستوى (الفونيم، المونيم) أو على مستوى التصنيف حيث هنالك العلاقات المتينة الموجودة بين العبارات وترابطها بعضها ببعض فإذا حورت أو عدلت أحدى العبارات فان هذا النظام سيختل حتما.[6]

المفهوم الثاني: الذي يعد اللغة نظاما قواعدياً.

لنأخذ الفرضية الثانية التي تعد بان كل لغة هي نظام خاص من القواعد النحوية. وهذا ما أكده جومسكي (Chomsky) في كتابه النحو التوليدي التحويلي الطبعة الأولى عام 1957 والذي جاء فيه كما في الجدول أدناه:

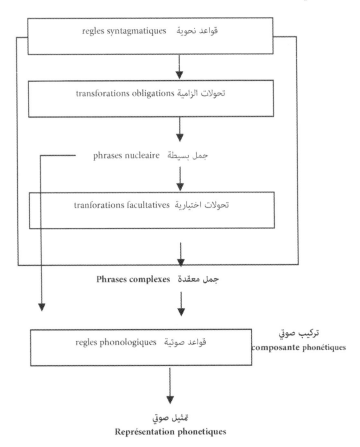

وعليه فان القواعد التحويلية هي قواعد تتبع النظرية التحويلية وتصمم للغـة قـوانين أساسية وقوانين مفرداتية وقوانين تحويلية وقوانين صرفية يجري تطبيقها على التـوالي. فالقواعـد التحويلية التي جاء بها جومسكي تتكون من ثلاثة أجزاء هي:

1. الجزء الأفقي أو التتابعي ويقصد بذلك الصفة لعناصر لغوية تتابع واحداً بعد الأخـر لتكون وحدة أعلى مثل تتابع الكلمات لتكون عبارة، والعبارات التي تتابع لتكـون الجملة. فهذا الجزء يعطي للدخول في نهج معين فالجملة تتكون مـن المجموعـة الاسمية (الاسم وتوابعه)+ المجموعة الفعلية (الخبر)

ويمكن أن تتطور هاتان المجموعتان إلى:

- المجموعة الاسمية (GN)   الأداة + الاسم ←

- المجموعة الفعلية (GV)   الفعل + المجموعة الاسمية ←

ويمكن إعادة كتابة العنصرين إلى الفعل إلى فعل مساعد + الفعل

والمجموعة الاسمية   أداة + اسم ←

phrase
GN
Le garcon
GV
Mange le pomme
Article
Nom
V.
GV
le
garcon
mange
Article
Nom
le
garcon

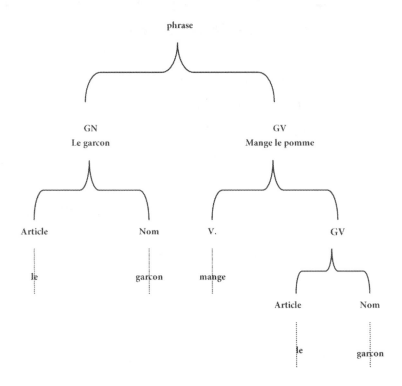

وإذا أخذنا المثال الطالب يكتب الرسالة فان التحليل سيكون كما يأتي:

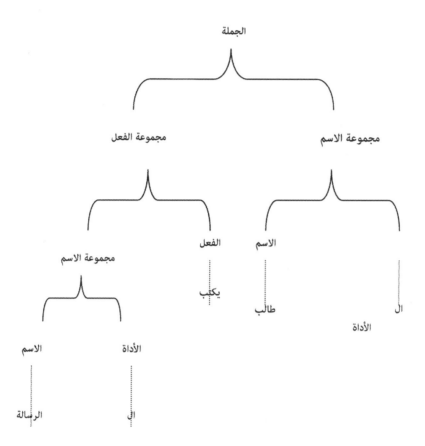

2. الجـزء التحـويلي (une partie transformationnelle) الـذي يخضـع عـادة لتغـيرات الاجبارية كما في المثال الإنكليزي الذي سبق ذكره

Has been reading

فالتحولات الاجبارية هي

(affixe (زائدة) +verbe) ⟶ verbe (فعل) + affix (زائدة)

والزائدة هي مورفنيم يضاف قبل الجذر فيسمى سابقة، أو داخلة فيسـمى داخلـة أو بعده فيسمى لاحقة أو فوقه فيسمى عالية.

3. الجـزء الفـونيمي الصرـفي أو مـا يسـمى في اللغـة الفرنسـية (une parte morphophonemique) فهو إذن الشكل الصوتي النهائي لسلسـة مـن المـورفيمات في جملة ما مثل has been reading أو كما في اللغة العربية نقول:

طلعت + ال + شمس / طلعت الشمس/

أما جمل النواة (les phrases nucléaires) فهي الجمل الناتجة عـن التحـويلات الإجباريـة وكذلك الاشتقاقات المقطعية فهي أنماط بسيطة جـدا كـل الجمـل الإختباريـة والمثبتـة والجمـل المبنية للمعلوم والتحولات الاختبارية قد تغير أو تحول السلسة التحتية في جمل النواة إلى جمل معقدة مثلا أو جمل مثبتة إلى جمل استفهامية:

Who has been reading the book?

Has the man been reading the book?

What has the been reading?

ونستطيع القول الان إذا اعتبرنا اللغة بأنها نظام قواعد نحوية "بان كل جملة تنظم من نوعين من العناصر: أولا التعبير عن عدد من المعاني التي تمثل أفكارا، وثانيا الإشارة إلى العلاقات التي بين الأفكار.[7]

وفي ضوء ما جاء في هذا الفصل، لابد من الإشارة هنا الى الجهود التي بذلها علماء اللغة العرب وكانوا السباقين على غيرهم في التعبير عن نظام اللغة فقد قال عبد القاهر الجرجاني في كتابه "دلائل الإعجاز" : "اعلم انك إذا رجعت إلى نفسك علمت علما لا يعترضه الشك: إن لا نظم في الكلم ولا ترتيب حتى يعلق بعضها ببعض، ويبنى بعضها على بعض، وتجعل هذه بسبب من تلك. هذا مالا يجهله عاقل، ولا يخفى على احد من الناس. وإذا كان كذلك فعلينا أن ننظر إلى التعليق فيها و البناء وجعل الواحدة منها بسبب من صاحبتها ما معناه وما محصوله, وإذا نظرنا في ذلك علمنا ألا محصول لها غير أن تعمد إلى اسم فتجعله فاعلاً لفعل أو مفعولا، أو تعمد إلى اسمين فتجعل احدهما خبرا عن الآخر، أو تتبع الاسم اسما، على أن يكون الثاني صفة للأول، أو تأكيدا له، أو بدلا منه، أو تجيء باسم بعد تمام كلامك على أن يكون الثاني صفة أو حالا أو تمييزا، أو تتوخى من كلامه لا ثبات معنى أن يصير نفيا أو استفهاما أو تمنيا، فتدخل عليه الحروف الموضوعة لذلك، أو تريد في فعلين أن تجعل احدهما شرطا في الأخر، فتجيء بهما بعد الحرف الموضوع لهذا المعنى أو بعد اسم من الأسماء التي ضمنت معنى ذلك الحرف، وعلى هذا القياس"[8] .

الهوامش

1. ينظر: André MARTINET, Éléments de linguistique général, Armand Colin, 1967. حيث صنف مارتيه في هذا الكتاب عند دراسته النحو الـوظيفي المـونيمات إلى قسمين رئيسين هما المونيمات المعجمية والمونيمات القواعدية.

2. ينظر: Christian BAYLON et Paul FABRE, Initiation à la linguistique, Nathan, 1975, p. 18. ينظر: المصدر نفسه ص 19.

3. ينظر: التهامي الراجي الهاشمي، توطئة لدراسة علم اللغة التعاريف: مشروع النشر ـ المشترك، طبعة ثانية، 1984 ص 118 .

4. ينظر هذا في كتابه "اللغة ترجمة الدواخلي ومحمد القصاص، طبعـة الابخلـو، 1950، ص 104.

5. ينظر:

Dictionnaire linguistique, Larousse, p. 481.

6. ينظر: التهامي الراجي الهاشمي، توطئة لدراسة علم اللغة التعاريف: مشـروع النشـرـ
المشترك، طبعة ثانية، 1984 ص 76، الفكرة مأخوذة من كتـاب "اللغـة" ترجمـة عبـد
الحميد الدواخلي ومحمد القصاص طبعة الابخلو، 1950 ص 104 للكاتب Whitney .

7. ينظر دلائل الإعجاز، ص 44-45.

الفصل الخامس
الاتصـال اللغـوي

الفصل الخامس
الاتصــال اللغـــوي

تطورت لغة الكلام في المجتمعات الإنسانية كأداة اتصال في المجاميع البشرية ولا تعد لغة الكلام سوى وسيلة اتصال كما لا يمكن أعطاها صورة مصغرة واحدة عن أية لغة طبيعية إنسانية ووضعها في النظام وذلك لوجود عدد كبير من اللغات المختلفة في العالم وان كل لغة تتنوع عن الأخرى في زمن (التغير ألتأريخي) والمكان (اختلاف اللهجات) والاستخدام (الاجتماعي والفردي) للغة، وهذا التنوع يعد المميز الأساسي للغات الإنسانية. والسؤال عن وظيفة لغة الكلام يرتبط بأصلها. وتتطور لغة الكلام في المجتمعات الإنسانية لتقديم المعلومات وخزنها لغرض الاتصال وهذه الوظيفة التعبيرية لا تنفصل مطلقا عن الوظيفة الاجتماعية للغة التي هي أداة اتصال ويتطلب الاتصال مجموعة من العلاقات بين الأفراد الذين لهم مصدر مشترك يستخدم في حالات التبادل المحدد. ولا وجود للغة الكلام دون اجتماع هذه الظروف. وخير مثال على هذا الأطفال الذين عزلوا عن المجتمع الإنساني منذ ولادتهم لا يستطيعون الاتصال باستخدام لغة الكلام الإنساني، ولهذا فان لغة الكلام ترتبط ارتباطا وثيقا بالمجتمع والإنسان ليس الحيوان الاجتماعي الوحيد الذي يعيش في المجتمع ولكن هنالك الحيوان كذلك. فالتنظيمات الاجتماعية للنمل والنحل والحيتان والفيلة قادرة على الاتصال فهي تنتج وتفهم الرسائل المتعارفة بينهم عن قرب وعن بعد باستخدام إشارات محدودة والى مثل هذا أشار القران الكريم بقوله تعالى:

(وَوَرِثَ سُلَيْمَانُ دَاوُودَ وَقَالَ يَا أَيُّهَا النَّاسُ عُلِّمْنَا مَنطِقَ الطَّيْرِ وَأُوتِينَا مِن كُلِّ شَيْءٍ إِنَّ هَذَا لَهُوَ الْفَضْلُ الْمُبِينُ(16)) سورة النمل: 16

وقال تعالى: (حَتَّى إِذَا أَتَوْا عَلَى وَادِ النَّمْلِ قَالَتْ نَمْلَةٌ يَا أَيُّهَا النَّمْلُ ادْخُلُوا مَسَاكِنَكُمْ لَا يَحْطِمَنَّكُمْ سُلَيْمَانُ وَجُنُودُهُ وَهُمْ لَا يَشْعُرُونَ(18))سورة النمل:18

وقال تعالى: (فَمَكَثَ غَيْرَ بَعِيدٍ فَقَالَ أَحَطتُ بِمَا لَمْ تُحِطْ بِهِ وَجِئْتُكَ مِن سَبَإٍ بِنَبَإٍ يَقِينٍ (22))

يملك مميزات الاتصال نفسها لكن الإنسان يمتاز باستخدام إشارات غير محددة. يتضح لنا مما سبق بان الإنسان يستطيع الاتصال مع أخيه الإنسان باستخدام اللغة التي تعد وسيلة اتصال، كما يستطيع الحيوان الاتصال مع أبناء جنسه باستخدام الحركات الطبيعية كالرقص الرمزي للنحل على سبيل المثال، والسؤال الذي يمكن أن نطرحه بهذا الصدد ما سمات الاتصال اللغوي عند الإنسان؟ وبماذا يختلف عن الاتصال عند الحيوان؟

وقد وجد علماء الآثار والمتحجرات بان عقل الإنسان له أربعة أصناف من الخلايا العصبية عن تلك التي يمتلكها عقل القردة (Anthropordes) مثلا وضعفين عما يمتلكها إنسان (Erectus) هذا بالنسبة إلى الدماغ والقدرات الوظيفة الأخرى، أما لغة الكلام فهنا تكمن في الفروقات الأساسية بين الإنسان والحيوان كما يراها العلماء وهذا يعني أن سيطرة الإنسان أفضل على الخلايا المساندة للأعضاء الصوتية والإرادية اي استقبال أفضل للمؤثرات الصوتية مولدا بالنتيجة تناسقا أفضل بين المجال السمعي والبصري ولهذا فالقدرات المتناهية للإنسان ستكون اكبر بكثير للذاكرة والتعلم الذي يؤدي إلى وعي أفضل للإنسان، والتي تعدُّ ميزة أساسية بين الإنسان والحيوان... فالإنسان هو

أفضل من الحيوان حسب التدريج في اللغة الكلام، فهو قادر على إرسال إشارات صوتية بلغة الحيوان وبدرجة معينة من الفهم تمكن الحيوانات التي تكون قريبة من الإنسان أو التي تعيش في كنفه على فهم هذه الإشارات وأطاعتها والاستجابة لها.[1] فقد منح الله سبحانه وتعالى الإنسان وكرمه وذلك بالتعبير عما يريد أو يشعر فلغته إذن تمتلك المقومات الأساسية للاتصال والتي تسمح بدورها للكائنات والحيوانات الراقية كالطيور بان نفهمها وتفهمها بدورها ما تريد. ومع هذا كله فانه من الصعب أن نقابل الاتصال الإنساني بالاتصال الحيواني وذلك لان الحيوان لا يمتلك الأداة الصوتية التي يمتلكها الإنسان فالحشرات لاتملك هذه الأداة باستثناء بعض الطيور كالببغاء على سبيل المثال، كما أن الاتصال الحيواني يفتقر إلى الجواب على الرسالة خلال تلك الاستجابة الغريزية كما يفتقر الاتصال الحيواني إلى الرسائل الدلالية لان الرسائل بين الحيوان تحوي على مضمون إجمالي لا يمكن تحليله. فضلا عن غياب الاتصال المتناوب باستثناء تعليم الحيوان كالببغاء مثلا على الإجابة على السؤال.[2] والفرق الرئيس والجوهري بين الاتصال الإنساني والحيواني هو غياب التقطيع المزدوج (La double articulation) والجهاز الصوتي عند الحيوان. لهذا يعد الاتصال الإنساني غير محدد وغير مقيد فالإنسان يستطيع الاستمرار في الحديث والمحاورة باستخدام الأزمنة (الحاضر والماضي والمستقبل) بغياب الشيء المتحدث عنه وحضوره.[3] وعليه فالاتصال اللغوي يتطلب استخدام لغة الكلام المنطوقية بواسطة نظام الإشارات الصوتية والشفوية واللفظية المباشرة أو استخدام نظام الإشارات المكتوبة بدلا من لغة الكلام الشفوية أي إن هناك نظاماً خطيا كتابيا الذي يقدم لنا الشكل الصوتي للوحدات اللغوية التي يتبناها الإنسان عند الحاجة في خزن الرسائل اللغوية.

ولا يقابل هذا النظام سوى اللغة التي تعد تنظيما فريدا مـن معطيـات التجربـة الإنسـانية.[4] والنظام ينطلق دائما من رسالة مكونة مسبقا لغرض الوصول إلى رسالة أخرى معـبر عنهـا برمـوز مختلفة، فاللغة تستطيع أن تفيد بإعلام عن الحقيقية غير اللغوية وتبنى الرسالة عـادة للغـة الطبيعية من أجزاء محددة وتكون على نوعين يطلق على النوع الأول بالنطق الأول للغة الكلام حيث يبنى التلفظ من وحدات متعاقبة ومصغرة أو بما تسمى بالمونيمات (Monèmes*) فلفظـة (القلم جميل) تتكون من ثلاثة مونيمات (ال+قلـم+جميـل). فالمونيم هـو عبـارة عـن وحدة صغيرة لها شكل أي دال (Sa) ومعنى أي مدلول (Se). ويطلق علـى النـوع الثـاني بـالنطق الثـاني للغة الكلام حيث تبنى الوحدة الدلالية نفسها من وحدات متتابعة مميزة وتسمى بالفونيمات (Phonèmes) او وبما يسمى أيضا بالفونيم ويعرف بعض اللغويين الفونيم بأنه صـوت نمـوذجي يحاول المتكلم تقليده كما يعرفه بعضهم بأنه اصغر وحدة صوتية عن طريقها يمكن.

التفريق بين المعاني. فالكلمة (bateau) في اللغة الفرنسية تتكون من أربعة فونيمات هي /bato/.

الاتصال اللغوي:

يرى ف دي سوسير أن الاتصال اللغوي يتطلب حضور شخصين في الأقل وهذا هـو الحـد الأدنى والضروري لإكمال الدائرية الكلامية كما هـو الحـال في المحادثة ويتحقـق هـذا الاتصـال بثلاثة أفعال:

1. الفعـل النفسـاني (صـورة الكلمـة والأفكـار) أي ارتبـاط المفهـوم في العقـل بالصـورة السمعية كما في (1، 5).

2. الفعل الفسيولوجي أو الوظيفي للأعضاء المتعلـق بـالمنطوق. المسـموع أي النقـل إلى أعضاء النطق حركة مرتبطة بالمفهوم كما في (4،2).

3. الفعل الفيزيائي هو انتشار الموجـات الصـوتية كـما في الشـكل (3) والمخطط التـالي يوضح عملية الدائرة الكلامية أو الاتصال اللغوي.

المتكلم

ويمكن تقسيم المخطط إلى:(6)

أ. خارجي يتضمن الاهتزازات الصوتية التـي تنتقـل مـن الفـم إلى الإذن، والقسـم الداخلي يتضمن كل شيء آخر.

ب. القسم النفسي وغير النفسي، ويتضمن الثاني النتاجات العضـوية (الفسـيولوجية) للأعضاء الصوتية مثلها مثل الحقائق الفيزيائية التي تكون خارج نطاق الفرد.

ج.   سم المعلوم والمجهول: كل شيء يتوجه من مركز تداعي المعاني للمتكلم إلى أذن
السامع يعد معلوما، وكل شيء يتوجه من إذن السامع إلى مركز تداعي المعاني
عنده يعد مجهولا.

في حين أن جاكوبسون (Jacobson) اقترح خطاطة تضم العناصر الستة للتواصل اللغوي
اللفظي تتضمن المرسل (أو مشفر الرسالة) والمرسل إليه (متلقي الرسالة أو مشفرها) والرسالة،
والشفرة (التي تدل الرسالة على أساسها) والسياق (المرجع الذي تحمل إليه الرسالة) وقناة
الاتصال(الصلة النفسية بين المرسل والمرسل إليه). والمخطط أدناه يبين لنا هذا: [6]

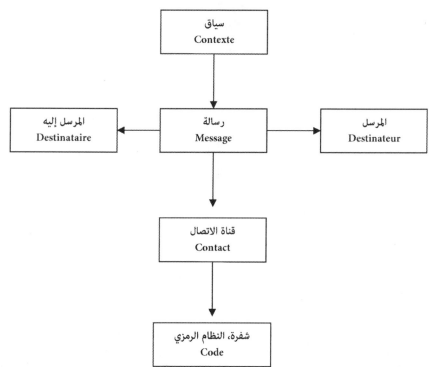

وقد حدد جاكوبسون ست وظائف بحيث إن كل فعل من أفعال التواصل له وظيفة:

1. الوظيفة الانفعالية أو التعبيرية ترتبط بالمرسل.
2. الوظيفة الافهامية أو النزوعية تركز على المرسل إليه.
3. الوظيفة المرجعية تركز على السياق أو المرجع.
4. الوظيفة التوكيدية أو الانتباهية تركز على الاتصال.
5. الوظيفة الشعرية تركز على الرسالة.
6. الوظيفة الميتالسانية وتركز على الشفرة أو النظام الرمزي والمخطط التالي يوضح لنا ذلك: [7]

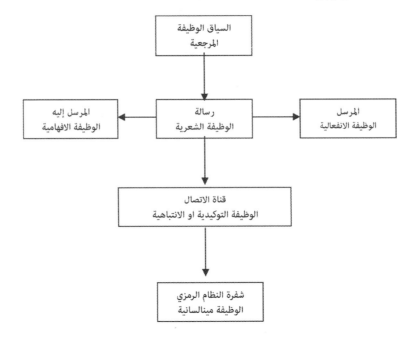

بعد ان استعرضنا أفعال التواصل والوظائف التي جاء بها جاكوبسون، لابـد مـن الإشـارة إلى أن بوهلير حدد ثلاث وظائف للغة: الوظيفة التمثيلية

والوظيفة الافهامية الطلبية / الندائية) و الوظيفة التعبيرية. وان المخطط أو النموذج الـذي قدمه جاكوبسون مهم ليس على صعيد الاتصال اللغوي فقط، وإنما أيضا عـلى صـعيد الحركات والصور، لكنه لم يعد النموذج الوحيد والكامل فيما يخص الاتصال اللغوي وان النقـد الـذي وجهه إلى نظرية جاكوبسون أفسح المجـال لتطـور نظريـة التعبير والأفعـال الكلاميـة لكـاترين كيربرات مثلا.[8]

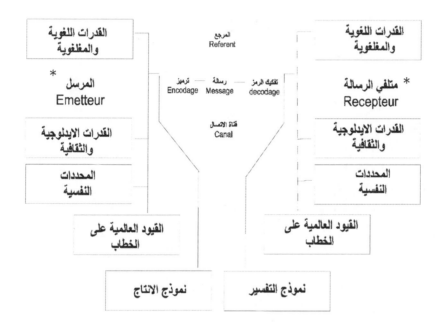

الهوامش

1. لمزيد من التفاصيل ينظر:

Paul Chauchard, le Langage et la pensée. Que sais-je? No. 693, P.U.F, 1983 p. 22-31.

2. ينظر:

Christian Baylon et Paul Fabre, Initiation à la linguistique, Nathan, 1975, p. 30.

3. وينظر أيضا:

Granges Repères culturels pour une langue Française, collection dirigée par Pierre Desplan ques, Hachctte,2001, p. 16.

4. ينظر:

Benveniste (Emile), "Communication animale et langage humain", problèmes de linguistique générale, paris, Gallimard tome, I, chap. 5, 1866.

* أطلــق مارتنيـه (Martinet) عـلى الوحـدة الصـرفية (Monème) كـما أطلـق علـماء اللغـة الأوربيون على الوحدات الصرفية (Morphème)، وأطلق روبير لافـون (Robert Lafont) على الوحدة الصرفية بالكراسيم (Praxème) في كتابه "Le Travail et la Lanque"

5. ينظر:

Baylon et Fabre, Initiation à linguistique, Nathan, 1975, p. 30.

6. ينظر:

فصول علم اللغة العام، ف، دي سوسير نقله إلى العربية احمد نعيم الكـراعين، دار المعرفـة الجامعة الإسكندرية، 1985 ص 25.

7.ينظر:

Roman Jacobson, Essais de Linguistique générale, edetions de Minuit, 1963.

ويجدر الإشارة هنا بان بعض المنظرين كهايمس Hymes مثلا لتحدد تحدث عن سبعة عوامل ويستدل السياق بالموضوع والخلفية أو الإطار والمشهد والمقام والسياق فعل التواصل، ويقابل كل عامل من هذه العوامل وظيفة محددة من وظائف التواصل، وينجز أي فعل من أفعال التواصل، واحدة أو أكثر من هذه الوظائف. جيرالدبرنس ترجمة السيد إمام، قاموس السرديات، القاهرة، 1989، ص 38).

8. ينظر: المصدر نفسه ص 213-216.

* émetteur = المرسل أو المتحدث أو المتكلم

récepteur = المرسل إليه أو المستمع

9. ينظر:

Catherine Kerbrat-Orecchian, L'Enonciation. Delà subjectivité dans le langage, Paris, Armand Colin, 1997, P. 19.

الفصل السادس
اللغة والكلام والخطاب

الفصل السادس
اللغة والكلام والخطاب

عند الحديث عن اللغة و الكلام فإننا بالا حرى نتكلم على التعارض الأول[1] الذي قدمه ووضحه لنا العالم اللغوي المشهور فردنا رد سوسير في الكتاب الذي جمعه طلابه و الموسوم بـ "محاضرات في علم اللغة العام " بأنها وسيلة اتصال بين البشر، كما أكد بأن كل مجتمع يتميز بلغته الخاصة، وتعد اللغة بالنسبة إليه الموضوع الرئيسي للدرس اللغوي. إن دراسة لغة الإنسان تساعدنا في دراسة حقيقة اللغة ولا تترك مجالا للأخذ والرد كما وتبعدنا على الأخذ برأي الفلاسفة[2] حينما عرفوا اللغة بأنها " وسيلة للتعبير عن الأفكار مما دفع فندريس Vendryes بأن يستنتج ان جميع الأعضاء تستطيع إذن تخلق لغة" في حين أن العالم اللغوي الجوهري[3] قد بين ما نعبر عنه نحن باللغة الان بـ "اللغة" كلمة "اللسان" أو "الألسن" فقال: " اللسن بكسر اللام:اللغة. يقال لكل قوم لسن،أي لغة يتكلمون بها" مميزا بين "اللسن" بمعنى اللغة وبين "اللسان" وهي عنده جارحة الكلام، وقد يكنى بها عن الكلمة فتؤنث حينئذ[4]. وقد تبنى هذا التفسير اللغوي الاندلسي ابن سيدة وغيره.

ولما كانت اللغة وسيلة اتصال بين البشر، فانها الإنتاج الاجتماعي المستقر في عقل كل فرد من أفراد المجتمع، وان كل مجتمع يتميز بلغته الخاصة، فاللغوي علية تثقيف نفسه والإطلاع على اكبر عدد من اللغات، لان اللغة كما قلنا أنفا هي نتاج المجتمع للملكة الكلامية كما هي تجميع للتقاليد الضرورية التي

اقرها المجتمع لتسمح لأفراده بتدريب وتطوير ملكتهم الكلامية لكي يتمكن هذا العالم اللغوي من تحديد ما هو عالمي في لغته عن طريق ملاحظاتها ومقارنتها مع لغات المجتمعات الأخرى.فاللغة في هذه الحالة إذن مستودع يأخذ منه الإفراد ما يحتاجونه في عملية الاتصال[5].

في حين أطلق دي سوسير كلمة (Parole) أي الكلام على الأداء التنفيذي للفرد، وان الفرد هو سيد الأداء، كما أكد أيضا إن من خلال أداء ملكات الاستقبال والتنسيق ووظيفتها فان الانطباعات التي تدرك بشكل واحد عند جميع أفراد المجتمع قد فرضت على أفكار المتكلمين. إن الكلام أو ما يسمى أيضا بالحدث الفردي أو المنطوق الفردي أو فعل الكلام في التعارض الذي أقامه سوسير بين اللغة والكلام فان الكلام هو الاستخدام والأداء الفردي الذي يتطلب عادة حضور شخصين كحد أدنى في إكمال الدائرة الكلامية، وإن التعارض الذي قدمه دي سوسير كان له الأثر الكبير في دراسة الأنظمة الدالة في السرديات، لان السرديات تدرس لغة السرد أي النظام القواعدي والمعايير المسؤوله عن إنتاج الخطابات الفردية وفهمها. وهكذا فان نظام أي لغة كامل لا يوجد في عقل أي متكلم وإنما يوجد في المجموعة البشرية التي تتكلم هذه اللغة.وعليه فقد ميز دي سوسير في الثنائية اللغة الكلام بين ما هو أساسي وما هو فردي وبين ما هو نشاط اجتماعي وما هو نشاط فردي

مما تقدم يتبين لنا ان لغة الكلام (Language) بالنسبة للعالم اللغوي سوسير تتكون من اللغة (Language) والكلام (parole) كما مبين في الشكل:

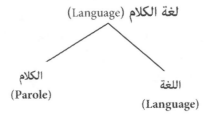

فلغة الكلام هي الملكة التي وهبها الله سبحانه وتعالى إلى الإنسان وان كل مجموعة بشرية في كوننا هذا لها لغتها الخاصة، فهي إنتاجها،وان كل فرد في هذه المجموعة له أداء وأسلوب في التحدث والاتصال مع غيره، وبهذا تعد اللغة نظاما ضروريا للكلام الذي بدوره يكون شيئا كماليا بالنسبة للغة. إن الثنائية التي جاء بها سوسير اللغة / الكلام تظهر لنا تفوق اللغة على الكلام كما توضح أيضا دور الكلام الذي يسبق اللغة في أثناء عملية التعلم الذي سيكون على المدى البعيد المسؤول عن التغيرات في اللغة، لان الكلام هو الأداء التنفيذي للفرد الذي يستقبل وينسق الانطباعات في أثناء عملية الاتصال.

لقد كان للتعارض الذي أقامه دي سوسير أيضا الأثر البالغ في دراسة الأنظمة الدالة ولا سيما السرديات، لان السرديات تدرس لغة السرد ونعني بذالك القواعد والمعايير المسؤولة عن إنتاج الحكايات ومنهم كلامها.

وتجدر الإشارة بأن كل ما مكتوب يبقى وكل ما هو شفوي يطير عبر السحاب لان الكلام هو وليدة اللحظة ويمكن إن ينسى دون ترك اثر له مالم يدون فأين آثار الشعر العربي الشفوي مثلا[6].

فالكلام المتعدد الجوانب المتغايرة يغطي جوانب متعددة في وقت واحـد فيزيائيـة (الموجات الصوتية) وفسيولوجية (المنطوق والمسموع) والنفسية (صور الكلمة والأفكار) وبهذا يمكننا القول بان الكلام يخص الفـرد والمجتمع عـلى حـد السواء أمـا الخطـاب الـذي يسمى discourse في اللغة الإنكليزية وdiscours في اللغة الفرنسية فيسمى أحياناً بالحـديث والغـرض منه إيصال المعنى إلى السامع عـن طريـق الكـلام. وللخطاب مـادة وسيط تتمظهر فيه لغـة شفاهية أو مكتوبة أو صور ساكنة أو متحركة أو إيحاءات،الخ..وبشكل يتألف مـن مجموعـة مترابطة من الملفوظات تجدد ترتيب المواقف والأحداث.

وفي الخطاب يتم الربط بين حالة أو حـدث والمقام الـذي تـبرز فيـه تلـك الحالـه أو ذلـك الحدث لسانيا. ومن ثم فان الخطاب يتضمن إحالة إلى مقام التلفظ. ويشمل ضمنا على مرسل (Emetteer) ومستقبل (Recepteur) [7]. ولما كانت اللغـة هـي القـدرة التـي يمتلكهـا الإنسـان ووسيلة للتفاهم بين الناس عن طريق الإشارات الصوتية والكلامية فان علماء اللغة قـد أعطـوا أسبقية وصدارة للخطاب الشفوي على الخطاب التحريري الذي تكون الإشارة اللغوية فيه عـلى شكل رسم أو تكون على شكل كتابـة والتـي تماثـل وتطابق عـادة الإشارات الصوتية للخطاب الشفوي. وبذلك يكون الخطاب التحريري ملحقا تابعا لعلم اللغة. ومـن المعروف أن الخطاب الشفوي يكتنفه بصورة عامة نبرة معينة أو لكنة معينة مـن قبـل المرسل لـذلك أن الخطـاب الشفوي يمتلك جوهرا رنانا وان وحدة المعنى هي تركيبـه مـن الكلمات التـي تعد مـن اصغر الوحدات الكلامية التي تشكل عبارة أو جملة بسيطة أو جملة مركبة أو جملـة عاطفيـة ولكـن في حين أن الوحدة اللغوية في الكتابية هي الكلمة. كما يتميز الخطاب الشفوي بأنه خطاب يستوجب حضور شخصين في الأقل (متحدث ومستمع) وهذا هو الحد الأدنى

الضروري لإكمال الدائرة الكلامية والوقت يتحدد باستمرار الخطاب. كما ان الكلام الخطاب الشفوي يكون عفويا وطبيعيا وان الأخطاء النحوية لا يمكن تصحيحها إلا إذا قدمت رسالة المتحدث بشكل آخر.وان الجمل المستخدمة في الخطاب تكون عادة سهلة وبسيطة و مختصرة أو غير منتهية فضلاً عن تكرارها في أثناء الكلام بكثرة. أما من ناحية المفردات المستخدمة في أثناء الكلام فهي مفردات بسيطة مخصصة لدعم التواصل بين المتحدث و المستمع، وغالبا ما تكون الأشياء المحسوسة و الملموسة موجودة في أثناء عملية الاتصال اللغوي بين المتحدث و المستمع. إضافة إلى مصاحبة الإشارات و الإيماءات في حالة الخطاب الشفوي. أما ما يميز الخطاب التحريري فان الكاتب أو الناسخ لا يكون عادة في حضرة القارئ ويستخدم الكاتب جمل معقدة و مرتبة لان لديه الوقت الكافي للتفكير بحيث يكون خطابه متناسقا و متماسكا رصيناً. كما يستخدم مفردات و مرادفات قليلة التكرار و التداول. وان القارئ المكاني و الزماني و المعطيات الأخرى غير محسوسة و ملموسة من وجهة نظر القارئ أي انه لا يلمس الأشياء المادية في أثناء قراءته كتابا. فضلاً عن غياب الإشارات و الحركات و الإيماءات التي تصاحب عادة الاتصال اللغوي المباشر بين المتحدث و المستمع [8].

الهوامش

1. قدم سوسـير ثلاثـة تعارضـات الأول منهـا اللغـة/ الكـلام و الثـاني علـم اللغـة التاريخي/علـم اللغة الوصفي والثالث الفونولوجيا (علـم الفونيمات أو دراسـة النظام الصوتي/ علم الأصوات اللغوية).

2. اللغة بالنسبة لأرسطو مثلا"هي العضو الذي يصوغ الفكر" كما يـرى هومبولـت أن اللغـة جهاز عضوي ويجب أن يعالج على هذا الأسـاس، كـما ان اللغـة عنـده أيضـا شرط لازم لوجود الفكر ويقول "ان عملية الكلام تنحصر كلها في منحها للفكر مادة يعتمد عليها،بإزالتها الإبهام بفضل ما تتركه الأصوات المقطعة مـن اثـر ثابـت، بإجبارها على أن تنظم جميع معانيها بانتظام الألفـاظ المتعاقبـة" ينظـر التهامي الراجي الهاشمي، المصدر نفسه، ص 45.

3. الجوهري هو إسماعيل بن حماد الجوهري.أبـو نصـر ـ أصـله مـن فـاراب والمتوفى 1003م مؤلف "الصحاح – تاج اللغة وصحاح العربية".

4. الصحاح،الجزء السادس، صفحة 1295، القاهرة 1956.

5. يـرى العـالم الأمـريكي Whitney بـان اللغـة تعـد واحـدة مـن القـوانين الاجتماعيـة المتعددة، كما اعتقد أن الإنسان يستخدم الجهاز الصوتي كـأداة للغـة مـن خـلال المصادفة الخالصة، وان الإنسان يختار مـا يلائمـه مـن الإشـارات ويسـتخدم الرمـوز المرئية بدلا من الرموز السمعية. ينظر احمد نعيم الراعين "فصول في علم اللغـة العام" دار المعرفة الجامعية، 1985، ص 32.

6. لمزيد من المعلومات ينظر:

Virginia Mayet la parole, 1998: fileL:/E:parole htm

حيث ناقشت الباحثة دور الكلام (la parole) في قلب المجتمع، كما تطرقت الباحثة أيضاً حول دلالة الكلام في الأديان السماوية. وفي هذا المجال يجب أن لا ننسى جهود النحاة العرب في تعريف الكلام فالكلام: القول/علم الكلام علم من العلوم الشرعية المدونة يبحث عن ذات الله تعالى وصفاته وأحوال الممكنات من المبدأ والمعايير ينظر المنجد في اللغة والأعلام /ط22/ دار المشرق بيروت 1973 ص 695، ونجد التعريف نفسه عند الجرجاني في كتابه التعريفات الدار التونسية للنشر- 1971ص 97، أما ما ورد في شرح ابن عقيل من تعريف هو "الكلام في اصطلاح النحويين لا في اصطلاح اللغويين، وهو في اللغة: اسم لكل ما يتكلم به، مفيدا كان أو غير مفيد" للمحقق محمد محيي الدين عبد الحميد الجزء الأول ص 14.

7. لمزيد من المعلومات ينظر: قاموس السرديات تأليف جيراك برنس ترجمه السيد إمام / يربت للنشر والمعلومات، القاهرة 2003 ص 48.

8. لمزيد من التفاصيل ينظر:

Discours oral, Discours écrit et situation de communication d après T. Slama Cazacu, language et contexte Mouton1961.

وهذا النص موجود في كتاب:

Christian BAYLON et Paul FABRE Initiation à la linguistique , Nathan, 1975, p. 51.

الفصل السابع
علــم الدلالــة

الفصل السابع
علـــم الدلالــــة

يعرف علم الدلالة (la Sémotique باللغة الفرنسية أو semantics باللغة الإنكليزية)[1] بأنه دراسة المعنى وأصبح هذا العلم و منذ أواسط القرن التاسع عشر ـ من العلوم المثيرة في المجتمعات البشرية. لم يظهر هذا العلم فجأة، فقد تعرض الفلاسفة اليونان أمثال أرسطو في بحوثهم و مناقشاتهم لموضوعات لها علاقة بعلم الدلالة فقد فرق أرسطو مثلا بين الصوت و المعنى و ذكر أن المعنى متطابق مع التصور الموجودة في العقل المفكر, كما ميز بين أمور ثلاثة:

1. الأشياء في العالم الخارجي.
2. التصورات: المعاني.
3. الأصوات: الرموز أو الكلمات. [2]

كما تناول العديد من علماء اللغة المحدثين العلاقة بين العالم الخارجي المرئي "العالم المادي و الإنتاج اللغوي" [3]. ولم تظهر دراسة المعنى علميا إلا بعد أن تم تصنيف تفصيلات التغير الصوتي و التقابلات الصوتية بزمن طويل. ويعد ميشيل بريل (Michel Breal) اللغوي الفرنسي أول من قدم دراسة علمية حديثة في علم الدلالة في كتابه: Essai de Sémotique سنة 1897 فقد توصل في كتابه إلى المبادئ أو " الأصول" من دراسة اللغات الكلاسيكية: اليونانية و اللاتينية و السنسكريتية [4]. لكن معنى "Sémotique" عند بريل غير معناها الذي تعرف به الآن. إذ شهد مطلع القرن التاسع عشر أعمالا ودراسات دلالية

معروفة مثل دراسة العالم اللغوي السويدي Adolph Noreen (1854-1925) حيث قسم نورين دراسة المعنى إلى: الدراسة الوصفية و الدراسة

الايتمولوجية (Etymologie) أي التطور التاريخي للمعنى. وتتابعت الدراسات في هذا المجال فقد خصص "Kristoffer Nyrop" مجلداً إضافياً في كتابه "دراسة تاريخية لنحو اللغة الفرنسية" خصصه للتطور السيمانتيكي (1913) [5]. أما من أهم المؤلفين الأوربيين فيبرز من بينهم العالم اللغوي S.Ullmann الذي قدم العديد من الكتب في مجال علم الدلالة منها: أسس علم المعنى, وعلم المعنى, والمعنى والأسلوب فضلاً عن دور الكلمة في اللغة. كما يجب أن لا ننسى جهود كل أوجدن (Ogden) وريتشارد (Richards) وعملهما اللغوي "معنى المعنى" (The meaning of the meaning) (عام 1923) واللذان فسرا المعنى على أساس رياضي "آلي" أي أن المعنى يعود إلى أربعة عناصر هي القصد والقيمة والمدلول عليه والانفعال أو العاطفة [6]. فضلاً عن تقديمها ستة عشر تفريقا للمعنى في حين أن الفردكورتسبكي (Korzybski) اهتم بالحالة السلوكية العامة التي من خلالها يتحقق الاتصال.

إن علم الدلالة المعجمية أو علم الدلالة الاجتماعية هو العلم الذي يبحث في الدلالة الاجتماعية وهي الدلالة الأساسية للكلمات، فالدلالة المعجمية أو الاجتماعية لكلمة الكذب مثلا هي لشخص يتصف بالكذب، كما أن هنالك دلالات أخرى هي الدلالة الصوتية والدلالة الصرفية والدلالة النحوية (نظام الكلمات في الجملة).

أما فيما يخص أنواع المعنى فانه لا يكفي الرجوع إلى المعجم لمعرفة المعنى أو المعاني المدونة فيه. وان الأنواع الخمسة الآتيه هي من أهم أنواع المعنى:

1. المعنى الأساسي أو المركزي أو الادراكي كما يسمى أيضا العامل الرئيس للاتصال اللغوي.

2. المعنى الإضافي أو الثانوي أو الضمني وهو المعنى الذي يملكه اللفظ عن طريق ما يشير إليه إلى جانب معناه التصويري الخالص.

3. المعنى النفسي أي المعنى الذي يشير إلى ما يتضمنه اللفظ من دلالات عند الفرد.

4. وأخيراً المعنى الإيحائي الذي يتعلق عادة بكلمات لها إيحاءات نظرا لشانتها. وقد حصر اولمان هذا النوع فيما يأتي:[7]

   أ- التأثير الصوتي.

   ب- التأثير الصرفي.

   ج- التأثير الدلالي.

ويرى دي سوسير أن معنى كلمة من الكلمات هو ارتباط متبادل بين الكلمة أو "الاسم" وهي "الصورة السمعية" و "بين الفكرة"[8].

بعد أن استعرضنا بإيجاز ما جاء به علماء اللغة الأوربيون, لابد لنا أن لا ننسى ـ جهود العرب واهتمامهم في هذا المجال, فقد اهتم اللغويين العرب في دلالات الألفاظ ومن اهتماماتهم:

1. محاولة ابن فارس (ت 395هـ) الرائدة في معجمه مقاييس اللغة- ربط المعاني الجزئية للمادة بمعنى عام يجمعها.

2. محاولة ابن جني ربط تقلبات المادة الممكنة بمعنى واحد كقوله: (وأما ك ل م فهذه أيضا حالها وذلك أنها حيث تقلبت فمعناها الدلالة على

القوة والشدة والمستعمل منها أصول خمسة وهي: ك ل م, ك م ل , ل ك م, م ك ل, م ل ك, وأهملت منه: ل م ك [9]

3. محاولة الزمخشري في معجمه أساس البلاغة-التفرقة بين المعاني الحقيقية والمعاني المجازية.

4. كما أن هنالك البحوث الدلالية التي امتلأت بها الكتب مثل: الخصائص لابن جني والمقاييس لابن فارس والصاحبي في فقه اللغة والمزهر للسيوطي.

5. ومن اهتمامات الأصوليين وعلماء الكلام والفلاسفة المسلمين:

أ- عقد الأصوليين أبوابا للدلالات في كتبهم تناولت موضوعات مثل: دلالة اللفظ, دلالة المنطوق, دلالة المفهوم, الترادف والاشتراك, العموم والخصوص, وهناك بحوث عدة وإشارات كثيرة إلى المعنى في مؤلفات الفارابي وابن سينا وابن رشد وابن حزم والغزالي, كما أن هناك اهتمامات البلاغين في دراسة الحقيقة والمجاز, الأمر والنهي والاستفهام, ونظرية النظم لعبد القادر الجرجاني..... وغيرها كل هذا أدلة على أن علم الدلالة قديم وليس علماً حديثاً [10].

إن للمعنى قيمة كبيرة بالنسبة للغة, فان بعض النحويين ذهبوا إلى القول انه من دون معنى لا يمكن أن تكون هنالك لغة, وعلى هذا عرفوا اللغة بأنها معنى موضوع في صوت. ولما كان الموضوع الرئيس في علم الدلالة هو المعنى, فلقد ارتأيت أن أركز في الفصل التالي على التحليل الدلالي الحديث الذي يرتكز على فرعين أولهما المعنى المعجمي وأسلط الضوء على دراسة دلالة

الاسم دون غيرها, وثانيهما المعاني النحوية أو بيان معاني الجمل أو العلاقات بين الوحدات اللغوية والكلمات في الجمل.

الهوامش

1. إن كـلمة (E) semantics أو Sémotique تـرجع إلى دالَّ Gk. Semantikos يعني أو يدل f. semainein مجدي وهبة "معجم مصطلحات الأدب".

ملاحظة: أطلق على علم السيمانتك "علم المعنى" وليس "علم المعاني" لان الأخير فرع من فروع علم البلاغة.

2. ينظر: أحمد مختار عمر "علم الدلالة" عالم الكتب, القاهرة, 1998, ص 17.
3. ينظر: Robert LAFONT, le Travail et le language, No
4. ينظر: د. محمود السعران, علـم اللغـة, مقدمـة للقـارئ العـربي, دار الفكـر العـربي, القاهرة1999 ص 237.
5. ينظر:د.احمد مختار عمر،علم الدلالة، عالم الكتب,القاهرة 1998، ص 22.
6. لمزيد من المعلومات ينظر: "مناهج البحث في اللغة" للـدكتور تمـام حسـان ص243-247.
7. لمزيد من التفاصيل ينظر احمد مختار عمر، علـم الدلالـة، عـالم الكتـب,القـاهرة ط الخامسة،1998،ص 36-41.

8. لمزيد مـن المعلومـات ينظـر:د.محمـود السـعران، علـم اللغـة، دار الفكـر العربـي، القاهرة،1999،ص 248.

9. الخصائص 13/1

10. ينظر: 1- د.احمد مختار عمر، المصدر نفسه،20-21

2- د. حـاتم صـالح الضـامن، علـم اللغـة، وزارة التعلـيم العـالي والبحـث العلمـي، جامعـة بغداد،بيت الحكمة ص72-74.

الفصل الثامن

الأسماء: دراسة في الدلالة المعجمية

الفصل الثامن

الأسماء: دراسة في الدلالة المعجمية

من المعروف ان علم الدلالة المعجمي يقوم على دراسة الاسلوب واختيار الكلمات وما تضيفه على معنى الجملة وعلى المفاهيم الرئيسة في تفسير الكلمات في اثناء عملية الكلام.

لذا يجب على الباحث ان يقوم باعطاء المقومات النظرية التي تتضمن عرض النماذج وتقديم المعنى المعجمي وكذلك اختلاف معاني الكلمات ودلالاتها وطرائق تفسيرها اولاً، والنقطة المهمة الثانية هي تقديم المعنى المعجمي ودراسة اقسام الكلام ونقصد بذلك معرفة الاسماء والصفات والافعال،والنقطة الثالثة هي التطبيق الذي يتضمن الترجمة وعلم المعاجم [*].

في هذا الفصل سوف نركز على النقطة الثانية، أي على دراسة الاسماء بوصفها قسماً من اقسام الكلام، اما النظريات اللغوية في هذا المجال فسوف نقوم بتقديمها في المواقع التي نقتضيها.

تعتمد دراسة دلالة الاسم على التعاريف المعجمية المعطاة في المعاجم بحيث يقوم الباحث باعادة تشكيل الاسم على شكل معادلة تصنيف المواد المصنعة والطبيعية وان تقديم المعنى المعجمي يعتمد اعتماداً كبيراً على ما يصطلح عليه بالتحليل المؤلفاتي او التحليل الدلائلي او التحليل المفهومي Analyse comonentielle الذي يعتمد في موضوعه على دراسة البنية الداخلية لمدلول الكلمات خارج السياق، يعني دراسة عناصر او مكونات الدلالة لوحدة

لسانية. ويتعلق بمعرفة الكيفية التي يتم ربط الكلمات فيما بينها ابتداء من تكوينها الداخلي[1]. ان طرائق التحليل المؤلفاتي تبحث عن بناء المعجم بوساطة العناصر المكونة للكلمة وسنأخذ مثالاً على ذلك وهو كلمة طير في المعاجم الفرنسية PL.,PR نجد كلمة طير في PL:

حيوان فقري بيوض يكسو جسسمه ريش، وله جهاز تنفس رئوي، ومن ذوي الدم الحار وله اطراف اربعة، طرفان خلفيان يساعدانه على المشي وطرفان اماميان يساعدانه على الطيران اما فكه فهو عبارة من منقار.اما تعريف طير في المعجم الفرنسي- PR فهو حيوان ينتمي الى الفقريات، رباعي الارجل من ذوي الدم الحار، وجسمه يغطيه الريش، والاطراف الخلفية هي اقدام والاطراف الامامية هي جناحان، وهو ذو رأس مجهز بمنقار خال من الاسنان وبصورة عامة هو حيوان طائر. وبهذا نستطيع ان نوازن بين التعريفين لكلمة نفسها في المعجمين:

	PR = petit Robert	PL= petit Laroysse
فقري	+	+
رباعي الاطراف	+	(+)
بيوض	-	+
ذو ريش	+	+
ذو رئتين	-	+
له قدمان	+	+
له جناحان	+	+
يطير	+	+
له منقار	+	+

الحمام (Pigeon)

الصنف: حيوان

الصنف الفرعي: فقري

التغذية: حبوب

نمط الانتاج:بيوض

يكسو جسمه:الريش

عضو التنفس:الرئتان

الريش: متنوع الالوان

الدوران: من ذوي الدم الحار

القوائم:؟

نمط الانتقال: الطيران

الجناحان:قصيران وعريضان

المنقار: مستقيم

العادات/ اجتماعية وأحياناً مهاجر

كل ماله علاقة بتعريف الطير يكون مطبوعاً بأحرف مائلة ويلاحظ بأن الريش الذي يعد قيمة في تعريف الطير، يعد رمزاً مساعداً في تعريف الحمام.

ان المصطلحات المستخدمة في هـذه التعـاريف هـي غالبـاً ماتكـون مصـطلحات علميـة ويتطلب استيعاب هذه المعرفة رجل ذو اختصاص في علم الحيوان.

بعد ان قدمنا تحليلاً لمعنى الطير والحمام في اللغة الفرنسية فلنبحـث الان في تعـاريف للكلمات الاتية، فلو اخذنا على سبيل المثال الكلمتين outil و scie

لنرى ماذا يقدم لنا P L من تعاريف فسنرى ان كلمة(outil أداة:مادة مصنعة).تستخدم يـدوياً وآلياً، لانجاز عملة محددة. اما اذا اخذنا الكلمة نفسها في قاموس PR فسنرى انها:

مادة مصنفة

تستخدم لقطع المواد

اولاً لانجاز عمل

مادة بسيطة تستخدم بواسطة اليد مباشرة

اما تعريف الحمام Pigeon في P.L هو:

طير:

يقع في ترتيب الحمام

تتغذى على الحبوب

ذو ريش يتنوع حسب الاصناف

ذو جناحين قصيرين واسعين

ذو عادات اجتماعية وفي بعض الاحيان يعـد طيـراً مهـاجراً وهـذا هـو التعريف تكمله صورة بلا سود والابيض تمثل بحمامة.

اما اذا اخذنا الكلمة عينها فنرى تعريفها في PR:

طير (oiseau)

ذو منقار نحيف

ذو اجنحة قصيرة

ذو ريش متنوع كثير، تبعاً للاصناف

ان التعاريف المحـددة التـي تتعلـق بتصنيف الطيـر تتنـاول العنـاصر وتحـدد مميـزات الحمام .ولتكن هتان العبارتان A و B اللتان تمثلان تقريباً المادتين A و B

فاذا كان A يتضمن B فتقول عندئذ بأن B هو انطواء لـ B. يمكن تعريف المواد بجميع اشكالها بخصائصها فعندئذ يمكن ان يفهم على شكل معادلة والذي يكون الشكل العام Y=X حيث X هو الرمز و Y هو القيمة. وبكلمة اخرى بان B نأخذ مميزاتها ونجدها فنقول عندئذ بأن B يرث A. سوف نعيد تصنيف التعاريف في المعاجم وحسب الشيء المتفق عليه.

طير (oiseau)

تصنيف فرعي =فقري

نمط الانتاج =بيوض

مكسو= الريش

الدورة(الدموية): ذات الدم الحار

النقل =الطيران

القوائم= ؟

الجناحين= ؟

المنقار=؟

نرى بأن التعريفين متقاربان في كلا المعجمين. فلنحاول اذن اعادة تشكيل هذين التشكيلين حسب الشيء المتفق عليه انفاً.

صنف= مصنوعة

العمل= لانجازه عملية ما

طريقة الاستعمال= يدوياً او على الة

اما فيما يخص المنشار (scie) فان قاموس P.L (لاوس الصغير) يقدم لنا هذه الكلمة:شفرة او شريط او قرص او سلسلة تستخدم لقطع الخشب او الاحجار او المعادن ونحو ذلك.

اما تعريف المنشار في قاموس PR (روبير الصغير) هو:

مادة او اداة او الة حيث يكون الجزء الرئيسي منها عبارة عـن شـفرة مسـننة (ذو حركـة مستقيمة او حركة دائرية) وهذه الشفرة تستخدم لقطع المـواد الصـلبة بواسـطة حركـة دوران سريع او بحركة الذهاب والاياب.يبدو لنا ان هـذين التعريفين متقاربان الى حد مـا مـن كـلا المعجمين،ولكن الشيء المهم الذي نراه ان معجم P.L لم يشر ـ بأسـلوب واضـح بـان المنشار هـو اداة. اما باقي المعلومات فان كلا القاموسين لهما بناء عام واحد وكلاهما يبين الشـكل (شـفرة واسنان) وكذلك وظيفة المنشار، ومما يلفت الانتباه هـو ان وصـف وظيفة المنشار ايسر ـ مـن وصف شكله والسبب يعود الى كثرة انواع المناشير وكثرة اشكاله.

وعند اعادة تشكيل تعريف المنشار فاننا نأخذ بنظر الاعتبار العلاقات الموروثة.

صنف =مادة مصنوعة

الوظيفة =انجاز عملية

العملية= قطع المواد الصلبة

القطعة الرئيسية =شفرة مسننة

طريقة الاستعمال =يدوياً او على ماكنة

الحركة= الذهاب والاياب او دوران سريع

ولنأخذ كلمة طحين farine وكلمة poudre فكلمة طحين في قـاموس P.L هـي مسـحوق يتحصل من طحن حبوب القمح ويستحصل ايضاً من بعض البقول.

اما في قاموس PR (روبير الصغير) فيعطي التعريف لكلمة طحين:

مسحوق

ينتج عـادة مـن بـذور بعـض الحبـوب او النبـات (صـويا، بزاليـا، فـول) ولاجـل اكمـال الجدول،نسـتعلم حـول معنـى كلمـة مسـحوق poudre والتـي تشـير الى صـنف عـام في كـلا القاموسين.

ففـي قامـوس P.L هنالـك ثلاثـة تعـاريف لكلمـة poudre وحيـث ان التعريـف الاول هـو الذي يهمنا بالدرجة الاولى والذي هو مادة:

صلبة

مطحون ومجزأ الى حبوب ناعمة جداً ومتجانسة

اما قاموس PR فيعطي التعريف التالي:

مادة

صلبة بذرات دقيقة

او دقائق مادة مسحوقة (آلياً)

لنعيد تشكيل هاتين التعرفين:

كلمة poudre (مسحوق)

الصنف= مادة

تصنيف فرعي= صلبة

الحالة= مجزءة الى دقائق مادة مسحوقة

كلمة farine (طحين)

الصنف =مادة

تصنيف نوعي= صلبة

الحالة= مجزءة الى دقائق مادة مسحوقة

ناتجة= من حبوب او بعض النباتات

الاستخدام= مواد غذائية

يرينا هذا التعريف ايضاً علاقة الارث heridite الواضحة جداً

2-البناء الهيكلي

نقدم اصطلاحاً عاماً يشير الى جميع الصنوف المجردة

(حيوان ومادة مصنعة ومادة)

فعندئذ نحصل على بناء هيكلي ونقول ايضاً بناء Taxinomie والذي نستطيع ان نوضحه

على الشكل الاتي:

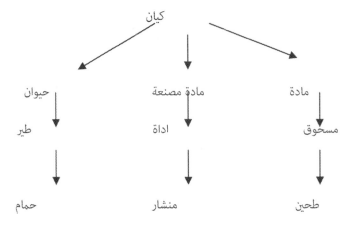

جدول تحليلي دلالي semique لكلمات تدل على وسائل النقل المختلفة

	وسيلة نقل الأشخاص			وسيلة للنقل الجماعي	وسيلة نقل السير فوق الأرض أو تحت الأرض		الحركة				أشياء أخرى
	شخص واحد	أكثر من واحد	عدة أشخاص		بالعجلة	سكة حديد	بالمحرك	بالطاقة	بالكهرباء	أشياء أخرى	
الدراجة	+	−	−	−	+ −	−	−	−	−	+	
Bicyclette	+	−		(+)	−			(+)			القدم
دراجة نارية											
Motocyclette	(−)	(+)	−	−	(+)	+	−	+	−	−	
مركبة	−			−							
automobile	(+)	+	−	(+)	+	−	−	+	−	−	
باص	−	−	+	−							
autobus		(+)			+	−	−	+	−	−	
حافلة كهربائية											
Trolley bus	−	−	+	−							
		(+)			+	−	−	−	+	−	
ترام											
Tram way	−	−	+	−							
مترو		(+)			+	+	−	−	+	−	أشرطة
métro	−	−	+	−							مغناطيسية
قطار											
	−	−	+		+	−	−	−	+	−	
train											
		−	+	−			−	−			تجر بحصان
زورق											
bateau		(+)	(−)	(+)	+	+	(+)	(+)		−	واحد
طائرة	−			−				−			
Avion	(+)	−	+	(+)	−	−		(+)	−	−	تجر بحصانين أو
عربة											
		(+)	(−)	−							كلاب
Fiacre											
	−	+		(+)	−	−	−	+	−	−	
مركبة جليد											
Traineau	(+)	(−)	−	−							
	−	+		(+)	+	−	−	−	−	+	
	(+)	(−)	−								
					−	−	−	−	−	−	

دلالة الاسم: الميزة المجردة للمعنى المعجمي والحقول الدلالية للمواد المصنعة والمواد الطبيعية فنأخذ على سبيل المثال لا الحصر المواد المصنعة ونقوم بتحليلها فنرى ان كلمة سيارة (voiture) في القاموس الفرنسي الحديث D F C:

مركبة تقوم بنقل الأشخاص او البضائع

الصنف: مركبة

المواد المنقولة: اشخاص او بضائع

وكلمة دراجة نارية (moto) في قاموس D F C

مركبة ذات عجلتين تعمل بواسطة ماكنة محرك قوي نوعاً ما اما في قاموس لاروس فنرى التعريف التالي:

محرك احتراق سعة 125 سم

الصنف:مركبة

عدد العجلات: عجلتان

قوة الدفع:محرك احتراق سعة الكثافة 125 سم

اما الدراجة الهوائية velo فنرى تعريف هذه الكلمات في القاموس الفرنسي الحديث P F C دراجة

ذات عجلتين، ذات اقطار متساوية حيث العجلة الخلفية تعمل بواسطة دواسة وسلسلة ومسننة. اما الحافلة السياحية (Car) فنرى تعريف هذه الكلمة في قاموس D F C

"سيارة واسعة مخصصة للنقل العام خارج المدن والمناطق السياحية"

الصنف: مركبة الصنف الفرعي: ذاتي الحركة

الحجم: واسعة

الوظيفة:نقل عام او المناطق السياحية

مناطق السير: خارج المدن

الباص (autobus) فتعرف هذه الكلمة في D F Cمركبة بسيطة مخصصة للنقل الجماعي داخل المناطق الحضرية.

الصنف:مركبة

الصنف الفرعي:ذاتي الحركة

الحجم:واسعة

الوظيفة:نقل عام

مناطق السير: المناطق الحضرية

لنرى الان الهيكل الناتج عن تحليلنا

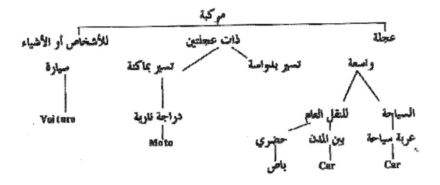

مما تقدم يمكننا ان ندرج عدداً من الملاحظات الاتية:

يبدو الهيكل المذكور انفاً غير نظامي من النظرة الاولى، لانه جاء نتيجـة ترتيـب وبشـكل متناسق للتعاريف التي اخذت وصفت في المعاجم المذكورة في بحثنا ولكن على سبيل المثال فقد تناست بأن سيارة النجدة والاسعاف او سيارة الاسعاف لاتعد مركبة عامـة ولا مركبـة نقـل بـين المدن. فضلاً عن ان الهيكل المذكور انفاً ينقصه المنطق وخاصة طبيعة الاشياء فالابنية التـي تمثـل العلامات الهيكلية والمتمثلة بالاسماء ليست مرتبة دائماً بشكل نظامي ولنتمحص الاسـناد الـذي استخدمناه

التصنيف الفردي

الابعاد

المواد المنقولة

عدد العجلات

قطر العجلة

طريقة الدفع

الوظيفة

مناطق السير فالمواد التي تم تحليلها لها خصائص اكثر من التي اسندت اليها فنأخذ على سبيل المثال الدراجة الهوائية فكل دراجة لها

لون

شكل وزن

وبعبارة اخرى فالدراجة ليس لها عجلات ودواسة وسلسلة فقط وانما لها ايضاً

هيكل

مقود

سرج

وواقية

وكوابح

وحاملة الامتعة

واخيراً فهنالك انواع كثيرة من الدراجات الهوائية تختلف باختلاف الاستعمال وباختلاف مستعمليها من ذكور واناث كما هناك دراجات للسباق ودراجات للسيدات وللسيرك وللاستعمالات الطبية 000الخ. ان هدف معنى الاسم المعطى ليس لتميز الفرد وانما لتميز طبقى الافراد ونتيجة لهذا فانه لايأخذ بنظر الاعتبار لما هو مختلف في قلب طبقة معطاة.

ان تعريف معنى الاسم لايتطابق مع مجموعة لملاك الاشياء التي تطابق هذا الاسم. ويكفي بأن هذا التعريف يميز استخدام الاسم بشكل مختلف ونقصد بذلك ما يميز هذا الاسم عن باقي الاسماء دالياً متشابهة. ولغرض تعريف النقطة الاخيرة هذه فما علينا سوى ادخال الاسماء الاتية في تحليلنا وهي: طائرة وزورق.فيجب عندئذ ادخال مساند جديدة لها علاقة بالوسط الذي تنتقل فيه المركبات والتي نحن بصددها وسوف نحصل على الحصيلة التالية:

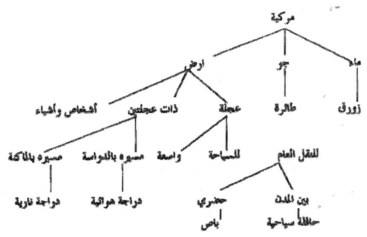

من جهة اخرى ان معنى الكلمات المشار اليها سابقاً التي قمنا بتحليلها ترتكز بشكل واسع على المميزات العامة للاشياء ونتيجة لذلك فان التعريف الدلالي للاساس ولايتطلب معرفة بالكلمة معرفة موسوعية .. يجب ان لاننسى بان المعرفة الموسوعة ليس هدف علم اللغة لذا يجب ترك التحليل الدلالي لعدد كبير من الاسماء لعلم المعاجم.

ويلاحظ بأن معاني الكلمات المصنفة تختلف اختلافاً قليلاً جداً في جميع اللغات وكذلك المواد الطبيعية والامثال.

ان طريقة التحليل التي استخدمناها تركز بصورة خاصة على اختلاف التعريف لمجموعة من الكلمات دلالياً واضحاً .. هذه الطريقة التي اخترعها عالم اللغة الالماني جوست تريير (Gost Trier) في الثلاثينات من القرن الماضي قد حققت نجاحاً باهراً في الاعوام التي اعقبتها لدى علماء اللغة امثال برنار بوتيه (Bernard Pottier) وكانت فكرة Trier الاساسية والرئيسية بأن الكلمات تنسق في حقل معجمي وان تحليلها الدلالي يجب ان يكون مختلفاً.

والخطوة الثانية الاساسية قد انجزها B.Pottier بتطبيق فكرته في علم الدلالة ذات النظرية التي تعتمد في اصلها على علم التطبيقات التي هي (traits pertinents).

وتجدر الاشارة بأننا قمنا بالتركيز في اثناء تحليلنا على التعاريف التي وجدناها في المعاجم الفرنسية، لكن اذا تمحصناها جيداً وبنظرة نقدية نستطيع ان نستنتج بأنه ليس جميع التعاريف مقنعة وعلى سبيل المثال لا الحصر ـ نجد من كلمة oiseau وسيلة النقل هي الطيران.فجميع الطيور تستطيع الطيران لكن النعامة وان كانت من فصيلة الطيور لكنها لاتطير ولهذا فمن الممكن ان نمحو من تعريفنا للطير كلمة الطيران وبهذا نقص معلومات مهمة لان معظم الطيور تستطيع الطيران ونستطيع ان نقدم امثلة كبيرة فالدراجة الهوائية ممكن ان تسير بواسطة قوة دافعة، غير الشيء المعروف وهو استخدام السلسلة ولكن هناك معلومات اضافية هي ان بعض الكلمات معروفة لجميع الناس وهنالك كلمات تفيد المختص فقط لانه على دراية بأصنافها كما عرفنا ذلك في هيكلية المفردات التي تمت مناقشتها.

الهوامش

[1]. ينظر: علم الدلالة، كلود جرمان وريمون لولان، ترجمة د.نور الهدى لوشن، دار الفاضل، (دمشق، 1994)، ص70.

*. PR= Petit Robert
PL =Pelit Larousse

الفصل التاسع

المعنى النحوي

الفصل التاسع
المعنى النحـــوي

معنى الجملة

بعد أن استعرضتا في الفصل السابق الاسم نموذجا لدراسة المعنى المعجمي ومعظم المشاكل المتعلقة بهذه الدراسة هناك من يذهب إلى القول ان الوحدة الرئيسة للمعنى تكمن في الجملة وليس في الكلمة استنادا إلى التعريف التقليدي لدى اللغويين والنحويين خاصة بان الجملة عبارة عن مجموعة من الكلمات المنسقة والمنظمة بشكل صحيح تفيد المعنى وان الكلمات المنفردة لا معنى لها محدد وانما يعرف دلالتها من عملها في الجملة.* وبهذا تعد الجملة عندهم من أهم وحدات المعنى بل يعدها بعضهم أهم من الكلمة نفسها, وعند هؤلاء لا يوجد معنى منفصل للكلمة وانما معناها في الجمل التي ترد فيها لان الجملة في جوهرها وحدة قواعدية وان وظيفة النحو هو وصف بنية الجملة ومن ثم تعريفها فالجملة العربية بسيطة والإنكليزية والفرنسية تتألف عادة من العبارة الاسمية (Groupe du nom) أو العبارة الفعلية (Groupe du verbe) ونقصد بذلك المبتدأ والخبر والعبارة قد تكون من كلمة واحدة (mot- phrase) كما قي الجمل الامرية والتعجبية.

ومن المعروف أن قدراً كبيراً من المعنى في لغة الكلام تحمل بين طياتها إشارات مختلفة يطلق عليها اسم العروض (la prosodie) حيث يتلقى المتلقي في عملية المحادثة مثلا الإيضاحات والمعلومات الضرورية من إشارة ونفاذ صبر

وحنان وهذا ما نطلق عليه بالفارق النفسي. إن المادة الصوتية لظواهر العروض هي:

أ-   **ارتفاع الصوت:** فإذا كانت الاهتزازات متعددة في الثانية الواحدة يرتفع الصوت ويقال عنه بأنه صوت حاد وإذا كانت الحالة عكس ذلك عندئذ يكون الصوت ضخماً.

ب-   **الحدة:** إن الأصوات قد تكون قوية أو ضعيفة وان مقياس قوتها يدعى الحدة وذلك لكثرة اهتزازات الحبال الصوتية الناتجة عن اندفاع الهواء الخارج من الرئتين والذي يزيد الصوت شدة.

ج- **الجرس:** عندما تكون الأصوات في الارتفاع نفسه والمدة نفسها وان الاهتزازات الناتجة عن كثير من الموجات تكون الصوت الشبيه بالجرس، أما المدة فهي حصيلة الوقت الذي يستطيع بموجبه المتحدث إرسال الصوت.

ء- **المدة:** هي عبارة عن حصيلة الوقت الذي يستطيع بموجبه المتحدث إرسال الصوت.

كما يجب أن لا ننسى دور النبرة, فالنبرة هي تغير درجة رنة الصوت الحنجري الذي يحمل مجموعة من الكلمات ويشكل انحناء نغميا للجملة وان الحدث النبري يطلعنا ليس على هوية الوحدات المدلولة فحسب بل يطلعنا بصورة عامة على هوية المتحدث منها إذ هي وظيفة تعبيرية, إن جملة (vuldit) المتكونة من أربعة مونيمات نرى بان للنبرة مدلولات ونقصد بذلك الخط النغمي للصوت الذي ينجز هذه الجملة, وكذلك دال على وقفة الجملة على سبيل المثال, ويتبين لنا أن وحده بغير المدلول الذي يعبر الرسالة جزئيا دون

دون تشويه والتـي تنقـل بواسـطة معلومـة إضـافية . وهـذا مـا نطلـق عليـه قواعـديا بـالمنهج الاستفهامي وخير مثال على ذلك قولنا في اللغة الفرنسية Il pleut . كما تؤدي النغمة دورا مهـما في الجملة, وان وجودها في اللغة لا يعني إلغاء تناسق الأصوات وان وجود نغمة عالية في نهايـة الجملة مثلا لها تأثير اكبر لدى المستمع مما لو كانـت نغمـة واطئـة في منتصـف الجملـة. ففـي الإنكليزية "we did" نرى بان الرسالة لا تعد نفسها لأن قيمة (did) تقع على قيمة (we) والعكس بالعكس. وعليه نستطيع القول بـان النغمـة تسـتخدم في بعـض اللغـات كوحـدات مميـزة وان المونيم (moneme) فيها لا يكون له تميز كامل مالم تعـزل الـنغمات وكـذلك الفـونيمات. وهكـذا فان لغة المنداوين (لغة شمال الصين) نرى بان لفظة (ma) لها أربع معان مختلفة: [1]

أ- أم- (نغمة عالية مستوية)

ب- قنب- (نغمة عالية صاعدة)

ج- حصان- (نغمة واطئة صاعدة)

د- ماعز- (نغمة واطئة نازلة)

إن الخصائص الصوتية المتبعة بصورة عامة فهي الطاقة اللغوية, ارتفاع النغمة ومدتها, حقيقية أو متصورة للمقطع المشدد. وفي اللغات فان المقطع المشدد يميـل إلى أن يلفـظ بصـورة أدق ونحوية فيما لو قورن مع مقاطع مجاورة له حيث يمكـن معرفـة درجـة الحيويـة للارتفـاع والمدة التي تسمح بإقامة التسلسل الخاص بالحركات في الجملة. إن الطبيعـة العضـوية للحركـة متباينة من لغة إلى لغة أخرى ففي اللغة البرتغالية مثلا فـان المـدة هـي التـي تـتحكم بقيمـة المقطع المشدد أما في اللغة الإنكليزية فأننا نرى على سبيل المثال إن السمة الدائمة للحركة هي

التنويع السريع في منحى الصوت وهذه الميزة تكون مصاحبة دائما في زيادة السعة والمدة.

وعلى الرغم مما ورد في الملاحظات في بداية هذا الفصل، فمن المفيد أن نفكر بأن هناك أنواعاً أخرى من المعنى غير المرتبطة مباشرة بالبنى القواعدية أو العروض والكلمات. فللمعنى جوانب أوسع من أن يضمها مجرد القول فان مجموعة أحداث الكلام (les actes de parole) مثلا تضيف قدراً كبيراً من المعنى فنحن نهدد ونحذر ونعد في بعض الأحيان دون أن نصرح بذلك والمثال الذي أورده بالمر "في الحقل ثور" قد يعني التحذير وليس مجرد الإخبار[2] . وأخير في حديثنا مع الآخرين قد نكون مؤدبين أو خشنين وهذا يعتمد من جهة مع من نتحدث ومع من نسأل وعلى أي شئ نجيب هذا ونطلق علية بالعلامات الاجتماعية بين المتحدثين ومن جهة أخرى ما نطلق علية أيضا بسياق الحال وبعد تغير المعنى جانبا من جوانب التطور اللغوي ولا يمكن فهمه تاما إلا إذا نظرنا إليه من هذه الزاوية.

لقد أكدت المدرسة اللندنية وزعيمها اللغوي فيرث (Firth) على الوظيفة الاجتماعية اللغوية كما اشرنا سابقا وسمي المنهج الذي اتبعوه بالمنهج السياقي (Contextual Approach) والذي ضم كل من هاليديه (Haliday) وسنكلير(Sisclair) ولاينز(Lyons) وغيرهم ويقول أصحاب هذه النظرية: "إن معظم الوحدات الدلالية تقع في مجاورة وحدات أخرى. وان معاني هذه الوحدات لا يمكن وصفها أو تحديدها إلا بملاحظة الوحدات الأخرى التي تقع مجاورة لها." [3] وعليه فان دراسة معاني الكلمات في الجمل تتطلب تحليلا للسياق التي ترد فيها الكلمات سواء كان السياق لغويا أو عاطفيا أو سياقا للموفق أو

أو سياقا ثقافيا. [4] وان الكلمة ليس لها معنى وإنما لديها استعمالات. إن معنى الكلمة يحدد بالعلامة مع الكلمات الأخرى أيضا التي تحيط بالجملة, فسياق الجملة يعتمد على معنى الكلمات الأخريات التي قد نستطيع استعمالها في المكان نفسه. وعليه فان علم الدلالة لا يكون كاملا إذا لم يعالج علامات التقطيع بين المدلولات الأولية, ولا يمكن لمعنى الرسالة أن يكون لها أساس من دون معرفة هذه العلامات. وبهذا نستطيع القول بان السياق يوضح المعنى ولا يقضي عليه وان التحليل النصي يعطي معلومات فائضة عن وجهة نظر علم الدلالة. ان الوصف الدلالي للجملة يتطلب إذا البحث عن تركيب دلالي لهذه الجملة فضلا عن صيغ لوصف المعنى وصيغ مبنية على عدد ضئيل من النماذج المحددة. وتجدر الإشارة هنا انه من الممكن أن يوجد المعنى المعجمي دون المعنى النحوي كما رأينا في الكلمات المفردة, وكذلك من الممكن أن يوجد المعنى النحوي دون المعنى المعجمي كما في الجمل التي تتركب من كلمات عديمة المعنى مثلا. [5]

بعد أن استعرضنا في الفصلين السابقين المعنى المعجمي والمعنى النحوي (معنى الجملة), يلخص لنا جورج مونان (G. Mounin) علم الدلالة بقوله: "علم الدلالة هو علم المفاهيم اللغوية" وأن فحوى الوحدة اللغوية هو مدلولها ومعناها وهو القيمة المحددة الذي يكتسبه مدلوله المجرد في سياق وفي حالة وفي اية لغة أو موضوع منفردين. [6]

يقدم لنا بوتير (Pottier) مخططا يلخص لنا العلاقة بين المعنى والمفهوم والمدلول:

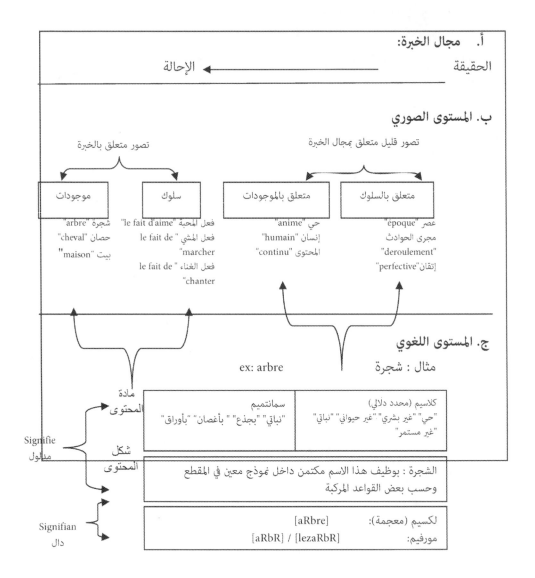

أ. مجال الخبرة:

الحقيقة ⟶ الإحالة

ب. المستوى الصوري

تصور متعلق بالخبرة

تصور قليل متعلق بمجال الخبرة

| موجودات | سلوك | متعلق بالموجودات | متعلق بالسلوك |

شجرة "arbre"
حصان "cheval"
بيت "maison"

فعل المحبة "le fait d'aime"
فعل المشي " le fait de marcher"
فعل الغناء " le fait de chanter"

حي "anime"
إنسان "humain"
المحتوى "continu"

عصر "époque"
مجرى الحوادث "deroulement"
إتقان "perfective"

ج. المستوى اللغوي

مثال : شجرة   ex: arbre

| مادة المحتوى | سمانتميم "نباتي" "بجذع" " بأغصان" "بأوراق" | كلاسيم (محدد دلالي) "حي" "غير بشري" "غير حيواني" "نباتي" "غير مستمر" |

Signifie مدلول

شكل المحتوى

الشجرة : بوظيف هذا الاسم مكتمن داخل نموذج معين في المقطع وحسب بعض القواعد المركبة

Signifian دال

لكسيم (معجمة): [aRbre]
مورفيم: [aRbR] / [lezaRbR]

الهوامش

- تجدر الإشارة هنا بان نميز بين معنى الجملة ومعنى التفوه ويقول لاينز(Lyons) (1977) إذ يمكن استيحاء معنى الجملة مباشرة من السمات القواعدية والمفردية للجملة, إن معنى التفوه يشمل كل أنواع المعنى المتعدد.... ينظر علم الدلالة تأليف أف. أر. بالمر 1981 , ترجمة مجيد الماشطة, بغداد جامعة المستنصرية ص 549.

(1) ينظر:

Christian BAYLON et Paul FABER, Initiation a la Linguistique, Nathan, p. 101-102.

(2) ينظر: علم الدلالة, تأليف ف- بالمر, ترجمة مجيد الماشطة, الجامعة المستنصرية, 1985, ص 48.

- انطوان مييه (Antoine Meillet) العالم اللغوي الفرنسي يعزو أسباب تغير المعنى إلى ثلاثة أسباب رئيسة هي: اللغوية والتاريخية والاجتماعية. ولعل أهم الأسباب التي تؤدي إلى تغيير المعنى ظهور الحاجة, التطور الاجتماعي والثقافي, المشاعر العاطفية والنفسية, الانحراف اللغوي, الانتقال المجازي والابتداع. أما أشكال تغيير المعنى فهي: توسيع المعنى, وتضييق المعنى, ونقل المعنى والمبالغة. ينظر: أ. د. احمد مختار عمر, علم الدلالة, القاهرة, عالم الكتب, 1998, ص 137-250 وينظر كذلك بالمر, علم الدلالة, ترجمة مجيد الماشطة, الجامعة المستنصرية, ص 221-226.

(3)   ينظر:

E. N. Nida, Componential Analysis of Meaning, Mouton, 1975, p. 196.

(4)   لمزيد من التفاصيل ينظر:

1.   د. احمد مختار عمر، علم الدلالة، القاهرة، عالم الكتب، ص 69-78.

2.   كريستيان بيلون و بول فابر، توطئه في علم اللغة، ترجمة د. توفيق عزيز عبد الله، ص 167.

(5)   لمزيد من التفاصيل ينظر: الفصل السادس والعشرون (Sémantique de la phrase) توطئه في علم اللغة للكاتب كريستيان بيلون و بول فابر، ترجمـة د. توفيـق عزيـز عبـد الـله، ص 188.

(6)   ينظر:

G. Mounin, Clefs pour la linguistique, Seghers, 1971, p. 148 -149.

الفصل العاشر
دلالة الألوان في الفن القصصي عند عمر الطالب

الفصل العاشر
دلالة الألوان في الفن القصصي عند عمر الطالب

دلالة اللون في الأدب:

أ. دلالة اللون عند الغربيين:

يبهر اللون الانسان بعد ان يفاجئه النور اول مرة وتنمي الالوان في نفسه خيالات واسعة وتساؤلات عديدة تدور في دلالالتها.

وكانت هذه التساؤلات المحور الاول الذي شغل الدارسين فكانت موضع نظرهم وعنايتهم بحوثاً ودراسات شتى صارت لبنات فنية في بناء الحضارة والانسانية، واول مايطالعنا من تلك العناية باللون عناية اليونانيين القدماء مثل" ارسطو وافلاطون.فأرسطو (384-322ق.م) يربط الالوان بعناصر الوجود بقوله:الالوان البسيطة هي الوان عناصر الوجود، اعني:النار والهواء والماء والتراب"[1].

وبعد حوالي ثمانية عشر قرناً قام ليوناردو دافنشي (1452-1519) الرسام والنحات الايطالي المشهور بصياغة فكرة مشابهة لتلك التي تبناها ارسطو بقوله: ان اول الالوان البسيطة الابيض، الابيض يمثل الضوء الذي بدونه ماكان يمكن رؤية لون، الاصفر التربة والاخضر الماء والازرق الفضاء والاحمر النار والاسود الظلام الكامل [2].

ولم يقدم دافنشي محاولة علمية وفنية لتنظيم الالوان، حتى جاء اسحاق نيوتن (1643-1727) وهو فيزياوي انكليزي فكشف عن الطبيعة الخفية للالوان، وقدم الدوائر اللونية الاولى وتبعاً لما قاله نيوتن فان كل الالوان متفتحة في الضوء الابيض.فهو مكون من الاشعة يمكن ان تحلل بواسطة منشور.وقد اختار نيوتن "سبعة الوان وربطها بالاجرام السماوية السبعة وبالنغمات السبع للمدرج الديوتاشي في الموسيقى: الاحمر نغمة C، والبرتقالي نغمة D، والاصفر نغمة E، والازرق نغمة F، والبني نغمة A والبنفسجي نغمة B.

وعلى الرغم من ان مجموعة الطيف تمتد في شكل شريط من الاحمر الى البنفسجي فان نيوتن قدمها في شكل عبقري حين لواها وقدمها في شكل دائرة"[3].

اما في العصر الحديث، فقد اوليت الالوان ودلالالتها اهتماماً بالغاً، وكثرت الدراسات اللغوية المختلفة في هذا الموضوع.

في عام 1953 درس همسليف Hjelmslev الالوان بمدلولاتها.ودرس كونكلين Conklin عام1955 وبرلن وكي Berlin and Kay 1966 وماكنيل Macneil 1972 وكي Kay 1975 نفس الموضوع الذي تناوله همسليف.

وتناول علماء اللغة الألوان من زوايا مختلفة، تناول العالم هسكيف البعد الواحد في اثناء وصفه لدراسة الالوان للاتكليزية ويلش. اضاف عدد منهم ابعاد اخرى ونقصد بذلك اصل اللون، والقيمة الضوئية للون.فقد درس العالم بارجو عام 1981 تدرج الالوان، كما درس عدد اخر تميز الالوان المضيئة أي الالوان الحارة والباردة وفق شيئتها الفيزياوية[4].

ب. دلالة اللون عند العرب:

(1) المصنفات والمعاجم:

واهتم العرب ايضاً بعلم الالوان ودلالالتها فصنفوا العديد من المؤلفات المتخصصة في علم الالوان.فهذا (كتاب الملمع) في اللغة الذي الفه ابوعبد الله الحسين بن علي النمري المتوفى 385هـ وجيهة احمد السطل.والذي يعد بمثابة معجم مصغر لالفاظ الالوان في اللغة، وهو ظاهرة مميزة لانه غني بالشواهد الشعرية التي اختارها المؤلف من الشعر العربي.

وتناول عبد الغني النابلسي في كتابه "تعطير الانام في تفسير المنام" علاقة الالوان بالاحلام ودلالالتها[5].

ولعل اوسع مادة عن الالوان تنعتها المعجمات التي رتبت معلوماتها باحدى طريقتين:اما بحسب الموضوعات واما بحسب حروف الهجاء.وابرز الكتب التي بحثت عن الالوان متبعة الطريقة الاولى هي (فقه اللغة) للثعالبي و(المخصص) لابن سيده.

فأما كتاب الثعالبي فان فيه فصلين احدهما عن الالوان (70-77) بحث فيه المفردات المستعملة في لون البياض، والسواد والحمرة في الانسان والحيوان والثاني عن الوان النبات (241-243) ومادته ذات قيمة كبيرة وهي يسيرة المتناول، الا انها مقتضبة. وانه كتاب ضخم رتبه مؤلفه بحسب الموضوعات، وعرض فيه المفردات والتغييرات المتعلقة بكل موضوع، وقد كتب فصلاً عن النبات الذي يصطبغ فيه ويختضب فيه ذكر لعدة الوان مستعملة في الملابس اعتمد فيها على عدد من اللغويين والنباتيين القدماء.

اما المعجمات المرتبة على حروف الهجاء اهمها (لسان العرب) لابن منظور نظراً لانه من اوسع المعاجم واكثرها توثيقاً.وقد نقل في المواد التي بحثها اقوال عدد من لغوي القرن الثاني والثالث من الهجرة.

وفضلاً عن المعجمات فهناك العديد من المؤلفات الفقهية وبخاصة "الموطا" و "والمدونة" لمالك بن انس 179هـ و"الجامع الكبير" و "الحجج" لمحمد بن الحسن الشيباني 189هـ و "الام" للشافعي 204هـ و "للكافي" الكليني.وكتب التراجم وخاصة كتاب "الطبقات الكبير" لمحمد بن سعد (230هـ).

(2) القرآن الكريم:

ورد في القرآن الكريم خمسة الوان هي الاحمر والاصفر والاخضر والاسود والابيض.

فاما الاحمر فلم يذكر الا في اية واحدة في وصفه الجبال (سورة فاطر 27) واما الاصفر فقد ذكر في اربع ايات واحدة في لون بقرة بني اسرائيل (البقرة 69) وثلاث اخر في وصف لون النبات (المرسلات 33 الحديد 20 الروم 51).اما الاسود فقد ورد في ست آيات واحدة في وصف لون الجبال (فاطر 27) وواحدة في لون الخيط الذي يميز به الفجر (البقرة 187) واثنتان في وصف وجه من كان يبشر بالانثى (النحل 58 الزخرف 17) واثنتان في وصف وجه الكاذبين على الله (الزمر 60) والكافرين بعد الايمان (ال عمران 106). اما اللون الاخضر فقد ذكر في سبع ايات.اربع منها في وصف لون النبات والشجر (يس 80 يوسف43-46 الحج63)، وثلاث في وصف ثياب الجنة من سندس الاخضر (الانسان 21 الكهف31) ومتكئهم من الرفوف (الرحمن 76). اما

اللون الابيض فقد ذكر في احدى عشرة اية.خمس منهن في لون يد موسى عندما ناظر السحرة (الاعراف 108 طه22 الشعراء 33 النحل 12 والقصص 32)وواحدة كناية عن العمى (يوسف 84) وواحدة عن لون الجبال (فاطر 27) وواحدة عن لون الخيط الذي يميز به الفجر (اليقرة 187).واية واحدة في وصف وجه من أنعم اللـه عليه بالجنة (ال عمران 106) واخرى في وصف الكأس التي تدار على اهل الجنة (الصافات 46) واخرى في وصف حواري الجنة (الصافات 49) ومن هذا يتبين ان اللون الوحيد الذي اشار اليه القرآن هو الاخضر- وانه لم يخصص في القرآن استعمال لون معين او تفضيله على غيره [7].

(3) الشعر:

من منا ينكر ان للالوان علاقة قوية بالشعر ؟ قد لانجد احداً حتى من القراء من ينكر هذه الصلة الحميمة بين الالوان والشعر. كيف لاونحن ندرك ان القصيدة الشعرية عبارة عن نسيج مزخرف بكل الالوان التي خلقها اللـه عز وجل ... كيف لانجد الالوان عند الشعراء وجميع قصائدهم نقل للطبيعة بجمالها وورودها المختلفة الوانها، وهي ترجمة للمشاعر الانسانية في لحظات الفرح والغضب.فحمرة الخدود واصفرار الوجه ونقاء البشرة من صفات الحبيبة التي وصفها الشعراء في قصائدهم.ولو اجرينا احصائية لعدد من الشعراء الذين استعملوا اللون لاغراضهم الشعرية لتوصلنا الى حقيقة اننا قد لانجد شاعراً "لايستخدم الالوان رموزاً" ودلالات للتعبير عما يجيش في صدورهم من الاحاسيس والمشاعر الدافقة. وبمرور الوقت اكتسبت الالوان اهمية خاصة حتى غدت مفرداتها جزأ من المعجمات الشعرية لهؤلاء الشعراء.

ويبدو لنا من خلال تحليلنا لقصائد عدد من الشعراء العرب والاجانب، ان الالوان بأنواعها قد سخت ووضعت بذكاء وعناية في مختلف الاغراض الشعرية، فالشعراء استخدموها في وصف الحبيبة، او الطبيعة او الخمرة او المشاعر الانسانية.

وقد استخدم الشعراء العرب الالوان الرئيسية الاربعة بكثرة وهي الابيض والاسود والاخضر والاحمر [8]. وسنعرض دلالات هذه الالوان كما وردت في الشعر العربي.

فاللون الابيض يعد من الالوان التي شاع استخدمها بين الشعراء العرب. ولو قمنا بدراسة تحليلية لهذا اللون لرأينا كم هي المضامين التي تضمنها هذا اللون. فأبو طالب يضعن اللون الابيض معنى "غير المعنى التقليدي الذي يراه الرسام حين يمدح النبي محمداً "صلة الله عليه وسلم بقوله:

وابيض يستقى الغمام بوجهه   ربيع اليتامى عصمة للارامل [9].

ففي هذا البيت يستخدم الشاعر اللون الابيض في مدح الرسول صلى الله عليه وسلم وهو لم يقصد بكلمة الابيض معناها اللوني الشائع، بل استخدمها مجازاً لتعني شيئاً " اكبر من اللون، انه كرم الرسول العظيم وحسن معاملته لليتامى والارامل.

وفي البيت الاتي نرى حسان بن ثابت يستخدم اللون الابيض في معنى مقارب للذي قصده ابو طالب:

بيض الوجوه كريمة احسابهم   شم الانوف من الطراز الاول [10].

وسياقات اللون الابيض عند امرئ القيس قد جاءت كما يأتي:

أولاً: الـحديـث عـن المحـبـوبة:

وهـذا الـسـياق كـان الصـق الـسياقـات

باللون الابيض لدلالته على الصفاء والنقاء كقول امرئ القيس:

مهفهفة بيضاء غير مغاضة ترائيها مصقولة كالسجنجل[11]، وفي مناسبة اخرى يستخدم الشاعر اللون الابيض صفة خاصة للفرس للدلالة على الاصالة والقوة:

وابيض كالصقراق بليت حده وهبته في الساق والقصرات[12]

وللون الابيض دلالة اخرى عند الشاعر العراقي صفي الدين الحلي

بيض صنائعنا سود وقائعنا خضر مرابعنا حمر مواضينا[13]

ففي هذا البيت يتحدث الشاعر عن الحماسة عند العرب ويوظف اللون الابيض للدلالة على الاعمال الفاضلة التي تكسب القوم شرفاً وعزاً.اما الالوان الاخرى فهي ذات مدلولات اخرى كما سنرى فيما بعد.وجدير بالذكر ان البدو يعدون الجمال البيض من اعرق فصائل الابل وللون الابيض دلالته عند الشاعر ابي الطيب المتنبي في قوله:

كم قتيل كما قتلت شهيد لبياض الطلى وورد الخدود[14].

ان هذه الشواهد لاستخدامات اللون الابيض في الشعر العربي تعطينا دليلاً على ان الشاعر العربي كان مولعاً باستخدام اللون الابيض والالوان الفاتحة في وصفه للاشياء المحببة اليه كالحبيبة والطبيعة والفرس والابل وغيرها.

وعندما ننقل اللون الاخضر ـ نجد ان الشعراء قد استخدموه بحسب مايرتؤون من دلالات لخدمة اغراضهم الشعرية.فامرؤ القيس يستخدم هذا اللون بدرجاته المختلفة.من خضرة شديدة تقارب السواد الى خضرة باهتة اللون يكاد ينعدم تأثيرها.وهو يستخدم هذا اللون في سياق حديثه عن الفرس وحركاتها الواسعة في اقبالها وادبارها، او في حركة الحمر الوحشية بين الخضرة والماء والمراعي.وهو ينطلق بفرسه القوي السريع الى الروابي الخضر ـ التي زادها المطر نضارة وخضرة في قوله:

وغيث من الوسمى حو تلاعه   بطنته بشيظم صلتان ⁽¹⁵⁾

وقد استخدم اللون الاخضر ايضاً اداة للتشبيه فهو يشبه فرسه وقد غمرتها المياه بقرعة خضراء وهي دلالة على الشفافية والصفاء والرقة اما المتنبي فيستخدم الون الاخضر ـ رمزاً دالاً على شيء اخر يختلف عما قصده امرؤ القيس:

وخضرة ثوب العيش في الخضرة التي   ارتك احمرار الموت في مدرج النمل ⁽¹⁶⁾

اراد المتنبي بثوب العيش في هذا البيت:النعمة والخصب والخضرة الثابتة.

وقد استخدم عدداً اخر من الشعراء هذا اللون بمعنى يختلف عن المعنى التقليدي.فنجدهم استخدموه ليدل على معان كثيرة.ففي قول ربيعة بن مقروم:

طوامي خضراً كلون السماء　　　يزين الدراري فيها النجوما[17]

يبدو لنا ان تسمية الشاعر الدراري بالنجوم انه يقصد سماء الليل.ومن الواضح ان لونها ليس اخضر بمفهومنا التقليدي وانما هو اللون الاسود المشرب بالزرقة وهكذا صارت الخضرة دلالة على السماء.وعندنا من الامثلة الشيء الكثير الذي يدل على اختلاف دلالات هذا اللون فهناك كلمة:الاحوى التي يتكرر استخدامها في الشعر العربي القديم. ومعناها قريب جداً من الاخضر، جامعة بين الخضرة والزرقة مع صلبة السواد ونجد مثل هذا التغيير عند عمرو بن كلثوم عندما يصف الخيل:

جلبنا الخيل من جنبي أربك　　　الى القلعات من اكناف بعر

ضوامر كالقداح ترى عليها　　　يبس الماء من حوو شقر[18]

ان المقصود "بحو" في هذا البيت هو النباتات الخضر.

اما اللون الاخضر عند الفضل بن عباس بن عتبة بن ابي لهب فيمكن معرفة دلالته في قوله:

وانا الاخضر من يعرفني　　　اخضر الجلدة من بيت العرب[19]

فالخضرة هنا لاتعني اللون المجرد، بل هي عند العرب السواد.ومن هذه الدلالة سمي العراق بأرض السواد لكثرة خضرته. ولو انتقلنا الى اللون الاسود، لرأينا قد جذب اهتمام الشعراء العرب الذين استخدموه بحسب مايرونه ايضاً مناسباً "لخدمة اغراضهم الشعرية. ولعل من المناسب هنا ان نشير

الى ان اللون الاسود عند العرب قد ارتبط بالحداد، أي ان طبيعته متصلة نفسياً بـاجواء الحـزن والكآبة الا اننا نجد بعض الشعراء العرب قد نقل هذا اللون من طبيعته المأساوية الى سـياقات اخرى تتفق مع احساسه الخاص، ومع اهدافه المميزة في تشكيل صياغته على نحـو يحقـق لهـم متعة الابداع.فلو أخذنا تجليات الالوان عند الشاعر العربي امـرئ القـيس لرأينـا ان الشـاعر قـد استخدم هذا اللون في وصفه، الشعر والحصان والليـل. وأول مايسـتوحي الشـاعر امـرؤ القـيس سواد حبيبته.ان هذا السواد يمثل لقطة جذب واغراء له:

بأسود ملتف الغدائروارد وذي اشر تشوفه وتشوص[20]

ومثلما كان اللون الاسود علاقة جذب واغراء عند المرأة، فهو مصدر قـوة ونشـاط شـامل عند فرسه. والشاعر دائماً كان يفضل السواد الداكن، وهذا يمثل منتهى القوة عند الفرس[21]:

والعين قادحة واليد سابحة والرجل طامحة واللون غريب

والليل بظلمته قد لايحتاج الى وصفه بالسواد، وانما يستمد منه الشاعر طرق تقابـل مـع غيره ليخلق الدلالة المقصودة.فاذا اراد ترقب انفراج حيث يكون استشراق الضوء وسـط الظـلام انسب ما يكون:

تلك النجوم اذا ما حانت مطالعها شبهتها في سواد الليل اقباساً[22]

وقد استخدم الشعراء العرب اللون الاسود في هجاء خصـومهم لان السـواد يمثـل العبيـد على الضد من البياض الذي يمثل السادة والمترفين فأبو الطيب المتنبي يهجو كافورا " وقد تطـرق الى شقوق قدميه:

وتعجبني رجلاك في النعل | التي رأيتك ذا نعـــل لـو حافياً

وانك لاتدري لونك اسود | من الجهل ام قد صار ابيض صافياً[23]

واخيراً يمكننا ان نقول ان الشاعر العربي قد ادرك اهمية اللون في نقـل الصـور الشـعرية في قصائده، لهذا نراه يكثر من استعمال الالوان ودرجات اللون الواحد اذ استعمل كلـمات تعـبر عن نوع خاص من اللون. ولقد اعتمد الشاعر العربي اللون اعتماداً متوازياً مع سيرة تطـور بنـاء القصيدة[24].

دلالة اللون في القصة:

بعد ان تناولنا اللون عند الشعراء الذين عبروا عن حبهم وكرههم ومـدحهم مسـتثمرين اللون في تقديم اجمل الصور الشعرية عبر تواطـؤات معقـدة مـن التصريح والتلمـيح والترميـز والانزيـاح[25]، نتنـاول اهـتمام القاصـين والـروائيين بمسـألة اللـون لادراك جمالـه او امكانيـة اسـتعمالهم ايـاه اسـتعمالاً رمزيـاً كـما يقـول جوجـان (Gaugaun): ان بعـض الالـوان تعطينـا احساسات غامضة، وعلى ذلك فلا يمكننا استعمالها اسـتعمالاً منطقيـاً بـل نضـطر الى اسـتثمارها استثماراً رمزياً[26]. وسندرس في هذا الصدد دلالة اللون في اعـمال القـاص العراقـي عمـر محمـد الطالب في محاولة منا للكشف عن استعمال الدوال اللونية في بعض اعمالـه القصصـية ومعرفـة المعنى الكآمن الذي يسكن اللون فضـلاً عـن معرفـة اعـتماد اللـون عنـد هـذا القـاص المعـاصر واستعماله الواناً معينة كتلك التي استعملها الشعراء القدامى.

ونستعين في دراستنا هذه بتقسيم ليوهرفتش "L.Hurvich" للالوان التي قسمها على [27]:

1. السلسلة الاكرماتية الالونية:وهي الاسود، والرمادي، والابيض.

2. الالوان الاساسية:وهي اربعة:الاحمر، والاصفر، والاخضر، والازرق.

3. ظلال الالوان او النقب وهي الالوان الهامشية وتعد بالالاف.ان مفردة اللون في اعمال القاص عمر الطالب تلفت النظر. بوضوح اذ ان للون في قصصه ورواياته [28] اكثر من دالة رمزية وتغدو هذه الدالة وسياق مباشر لطرح مشاعره وهواجسه الداخلية المحتدمة. ومن المعروف ان التحليل المتعلق باستعمال الدوال اللونية في الرواية والقصة القصيرة صعب، لكننا سنحلل الدالة اللونية في روايات عمر الطالب واعماله ومن ثم نجمعها ونصنفها.

4. ان عمر الطالب قاص وفنان وهو بلا شك يجيد رسم صور شخوصه كما يجيد استثمار اللون، وربما يرجع سبب اهتمامه باللون الى طبيعة الحياة التي عاشها او يعيشها والى محصلة ادراكه الحسي والعاطفي والجمالي للون. فاللون الابيض يحتل المرتبة الثانية ضمن مفردات السلسلة الاكروماتية اللالونية عند عمر الطالب.فقد استعمل صفة اللون الابيض للدلالة على الاشياء الخارجية كما فعل في وصف الدار المطل على الحقل في قصص:"خمسينات اضاعها ضباب الايام" فهو دائماً مصبوغ بالابيض ويأتي الوصف هنا للدلالة على مظهر الطبقة البرجوازية المقرفة الناصع في الظاهر والمنخور من الداخل

حيث تسكنه شخصيات اتعبها الفساد وكثرة المال كما في قصة "امطر دائمة وفنجان من الرغبة " او على وشك السقوط كما في قصة "انها امرأة[29] او في طرقها الى السقوط كما في قصة "موعد في الخامسة والنصف مساءاً ".

ويأتي اللون الابيض رمزاً "للطهارة كذلك كما في تصوير ساعد بطل قصة "انها امرأة" وتكرر الساعد العرى تبدأ ككرة فولاذية ثم بيضاء ثم ادار حد المحراث ..." ويرمز اللون الابيض للبكارة والحب الحقيقي النابعين من اصالة متينة وفحولة كما في قصة " موعد في الخامسة والنصف مساءاً" [30]، ابتسم لها ابتسامة ابانت عن اسنانه البيضاء القوية كأسنان حصان اصيل"[31]، وقد يكون جزءاً "من الصورة التي حاول القاص رسمها كما فعل في تصوير الام في قصة "البحر الحزين"[32]، فهو انزياح لدلالات كثيرة اراد التعبير عنها من داخل الصورة الادبية، وهذا الانزياح نراه يتكرر كثيراً "في رواية "صراع على مشارف قلب "ومجموعة" مسافات الحب "التي تعالج موضوعات روائية القاص الخاصة في الحب اذ يراه مزيجاً "بين الصفاء "الابيض" مثل غلالة يغطي جسدين عاريين مليئتين بالرغبة "الاحمر".

اما اللون الاسود فيحتل المرتبة الاولى ضمن مفردات سلسلة الاكروماتية اللالونية او "الالوان المتحايدة" كما يطلق عليها احياناً.ويمثل هذا اللون اساساً انزياحياً " لما يعانيه القاص عمر الطالب من تشاؤم.فهو يكثر من وصف الطبيعة في اثناء الاجواء العاصفة ويبدو لنا ان القاص يعشق هذه الاجواء.واستثمر هذا

اللون في وصف ملابس شخوصه كما في قصة "حصان وثلاثة رجال " مـن المجموعـة القصصية "خمسينات اضاعها ضباب الايام ..." مد جمعة يده داخل ثوبه واخرج من فـوق حزامـه كيسـاً "اسود" 000عم درويش الذي اعطته ذات مرة علكاً "مسهلاً" فأصابه مغص وافرط في سرواله الاسود 000 [33]، ويظهر اللون سمة بارزة في قصة "البحر الحـزين " وصفـاً "خارجيـاً" في ملابـس الام ودلالة الحزن في المكتبة القديمة السواد او رمزاً للعبودية كما في العبـد الـذي ادى دوراً في قصة "عصير الزمن في صندوق عظم" في مجموعـة "خمسينات اضاعها ضباب الايام". ويظهـر اللون الاسود انزياحاً واضحاً في القسم الاخير من رواية "صراع على مشارف قلب" وفي مجموعـة "مسافات الحب" وقصص "الامال المؤجلة" او "غرفـة الليـل الدافئـة " دلالـة عـلى ختـام العـالم وسواده وعبثيته [34]. فضلاً على انه اللون المفضل لدى القاص احيانـاً " فنراه اذا اراد اظهار جمـال فتى او فتاة البسه ثيابـاً " سـوداً كما في قصة "عـذراء تبحـث000" في مجموعـة "خمسينات اضاعها ضباب الايام ..." وفي الممر الرملي بين واحتين من ازهار الربيع بدت سعاد بثوبها الاسود ونظرات الاعجاب والاشتهاء والغيرة والازدراء تحيط بها ... [35]. وهو ايضاً "رمـزاً للشر متمـثلاً " في العفريت كما في قصة "البحر الحـزين" او رمزاً للقوة كما يبدو في اكثر الشخصيات التـي تنتمي الى اصول زنجية في قصصه. ويختلط اللون الاسود دائماً في قصص عمـر الطالب ورواياتـه باللون الاحمر في الرمز والدلالة والانزياح، فهو يقود رمزاً الى القتل وانبثاق دماء الضحية وهو في الدلالة يوحي بالشهوة سواء اكانت جنسية ام نفسية ام مركبة وهو في الانزياح يدل على التمـرد تارة وعلى الثورة تارة اخرى.

ونراه قد اكثر من وصف "الحزازير السود" في رواية "الاحداق المجروحة" التي جاءت دلالة على العجائز التهمات او الفتيات الحاقدات او القوى السود المضادة للحرية0ويخلط اللون الاسود باللون الابيض ليعطينا دلالة على الصراع بين الخير والشر- او بين الحياة والعدم كما في رواية "انسان الزمن الجديد". يضرب القدر ضربته...يدخل الفارس الزمن الجديد...يجلس هناك...دائماً...على كرسي اخضر بلون الربيع... شقيقة يانعة تضم الوان الحياة... الابيض المشرب بحمرة... الاسود...انه الحياة بما فيها من تدفق وعدم..."[36]، يحتل اللون الاحمر المرتبة الاولى ضمن مفردات الالوان الاساس وهو اللون الثاني في الاستعمال في قصص عمر الطالب ورواياته وهو على الضد من اللون الاسود فبقدر ما يحب اللون الاسود كما يبدو فهو لايرغب في اللون الاحمر لانه يوحي السذاجة والبدائية والعنف.فاذا ما البس القاص فتاة فستاناً "احمر اعطت للقارئ دلالة على سذاجتها او رمزاً "الشبقها كما في قصة "موعد في الخامسة والنصف مساءاً "في المجموعة القصصية "خمسينات اضاعها ضباب الايام" ...كستها حمرة البروق الساطعة وراء النافذة" [37]، الا انه في غالب استعمالاته لهذا اللون مثل انزياحاً عن الثورة كما في رواية "صراع على مشارف قلب " و"انسان الزمن الجديد" [38]، او على التمرد كما في مجموعات "مسافات الحب " والامال المؤجلة، غرفة الليل الدافئة" ويأتي اللون الاحمر في صراع مع الالوان الاخرى ولا سيما الابيض والاسود، ففي الحالة الاولى تكون دلالته على السلم والعنف وفي الثانية يمثل علاقة الشر بالعنف. اما الالوان الاخرى فقد استعملت استعمالاً "اقل من الالوان الانفة الذكر فتأتي في غالب الاحيان اوصافاً " في الحقول الخضر والعيون الزرق او البحر او

السماء او النبر والستائر البنفسجية والسماء الرمادية والشعر او الثوب الاصفر.فاذا تجاوزنا الوصف فتأتي هذه الالوان دالة فالاخضر يدل على الخصب والخير والنهاء والازرق على الهدوء والصفاء والاصفر على الجشع والدعارة.والبنفسجي على الوحدة والكآبة والرمادي على العدم. وان هذا اللون الذي لالون له كما تبدو الحياة في نظر معظم شخصيات القاص وكأنها تساؤل دواخلها لماذا اتينا والى اين نذهب؟اليس لنا الحق في ان نستشار على الاقل في وجودها وعد منا؟ وكثيراً ما يتجاوز اللون الرمادي في قصصه على الانزياح وتؤدى هذه الالوان دوراً رمزياً بارزاً فالخضرة رمز الاخصاب والتكاثر المندهش بالكون والازرق رمز للحسد وربما تشبث هذا الرمز في كتاباته نتيجة اهتمامه بالتراث الشعبي نحو ما هو معروف، والاصفر يرمز الى الحقد والكره وهو متأثر ايضاً "بالموروث الشعبي ويرمز البنفسجي الى الكآبة الصافية التي يعدها اساس الحكمة والرؤية السديدة اما الرمادي فرمز لعدم جدوى، ليس الاستكانة والخضوع وانما السعي لتبديد هذا اللون العدمي دائماً" وبذلك يرمز للبحث من اجل جدوى الاشياء واخضاع كل ما هو رمادي لسيطرة الانسان ليغير لونه الى اللون الذي يريده في الحياة. ان انزياحات هذه الالوان على قلتها موجودة في قصصه ورواياته وتحتاج الى دراسة بنيوية لمعرفة مكامنها وثوابتها. وان مفردة اللون الواحدة تأخذ قاموس القاص مظاهر متعددة الدلالة.

ويمكننا اخيراً ان نقدم نتائج احصاء دوال الالوان في اعمال القاص، على الرغم من ان مثل هذه الاحصائيات والنتائج لاتكون حقائق ثابتة ونهائية فالموضوع يتعدى الكلمة بشموليته وامتداده.

الجدول ذو الرقم -1-

اجمالي	غرفة الليل الدافئة	الامال المؤجلة	مسافات الحب	صراع على مشارف قلب	انسان الزمن الجديد	الاحداق المجروحة	خمسينات اضاعها ضباب الايام	المفردات
189	21	22	33	22	39	31	21	اسود
166	1	5	3	5	2	-	-	رمادي
111	7	8	9	8	31	42	6	ابيض
316	29	35	45	35	72	73	27	اجمالي

مفردات السلسلة الاكروماتية فهو اللونية

ويلاحظ هنا استعمال اللون الاسود ضمن هذه السلسلة وخاصة في قصة "انسـان الـزمن الجديد " و "مسافات الحب" و "الاحداق المجروحة" ثم يليه الابيض فالرمادي وهو اقل الالـون استعمالاً ضمن مفردات هذه السلسلة 0انظر الجداول أ.ب.ج

الجدول ذو الرقم -2-

اجمالي	غرفة الليل الدافئة	الامال المؤجلة	مسافات الحب	صراع على مشارف قلب	انسان الزمن الجديد	الاحداق المجروحة	خمسينات اضاعها ضباب الايام	المفردات
181	16	28	13	11	43	52	18	احمر
71	4	10	8	6	31	9	3	اصفر
98	8	10	16	9	46	6	3	اخضر
67	7	9	6	8	15	17	5	ازرق
417	35	57	43	34	135	84	29	اجمالي

ويمثل اللون الاحمر هنا المرتبة الاولى وبخاصة في "الاحداق المجروحة" و "انسان الـزمن الجديد" و "الامال المؤجلة" في حين يقل استعمال اللون الازرق.انظر الجداول د.ذ.و. هـ

الجدول ذو الرقم -3-
مفردات ظلال الالوان

اجمالي	غرفة الليل الدافئة	الامال المؤجلة	مسافات الحب	صراع على مشارف قلب	انسان الزمن الجديد	الاحداق المجروحة	خمسينات اضاعها ضباب الأيام	المفردات
11	3	.	2	.	6	.	.	وردي
7	.	2	2	.	3	.	.	قرمزي
3	.	.	.	.	2	.	1	فضي
26	.	7	9	.	10	.	.	ذهبي
3	.	.	.	.	2	.	1	ترابي
9	1	2	.	.	2	4	.	بني
1	.	.	.	.	1	.	.	لحمي
1	.	.	.	.	1	.	.	فحمي
1	1	.	.	.	.	.	.	جوزي
3	.	.	2	.	.	.	.	ارجواني
1	.	.	.	1	.	.	1	زهري
1	.	.	.	.	.	.	1	سماوي
1	.	.	.	.	.	.	1	شفقي
1	.	.	.	.	.	.	1	اغبر
69	5	11	15	1	27	4	6	اجمالي

ويلاحظ هنا ان اللون الـذهبي هـو الاكـثر استعمالاً ويليه الـوردي، فالبني، فالقرمزي، فالفضي، فالترابي، وان هناك مفردات لم تستعمل سوى مـرة واحـدة (لحمـي -فحمـي- جوزي - زهري -سماوي- شفقي- اغبر- سماوي).

الجدول ذو الرقم -4-

مجموع مفردات الالوان

	خمسينات اضاعها ضباب الالوان	الاحداق المجروحة	انسان الزمن الجديد	صراع على مشارف قلب	مسافات الحب	الامال المؤجلة	غرفة الليل الدافئة	اجمالي
السلسلة	27	73	72	25	45	25	29	316
الاكروماتية								
الالوان	29	84	135	34	43	57	35	417
الاساس								
ظلال	6	4	27	1	15	11	5	69
الالوان								
اجمالي	62	161	234	70	103	103	69	802

ويلاحظ هنا سيطرة الالوان الاساس على غيرها في حين تبدو ظلال الالوان اقل استعمالاً ويلاحظ ايضاً "ان الرواية "انسان الزمن الجديد " من اكثر الاعمال استعمالاً للالوان الاساس في حين ان قصص "خمسينات اضاعها ضباب الايام" من اقل قصصه استعمالاً للالوان الاساس.

وبعد فقد ادركنا اهمية اللون في الوجود وانعكاسها على الادب واهتمام العلماء بأصول اللون واستعماله، ثم رأينا العلماء العرب يؤلفون كتاباً ومباحث عن اللون ودلالالته في الحياة والاحلام فضلاً عن المعاجم اللغوية واشرنا الى عناية القرآن الكريم بالالوان وبالموضوعات اللونية، ثم اشرنا الى شيء من عناية الشعر العربي القديم باللون واستثماره لاغناء صوره الشعرية.

لقد توقفنا عند دلالة اللون في القصة فرأينا ما اتاحه اللون للقصص من جمال ايمائي ورمزي وكان لتوقفنا طويلاً عند اعمال القاص العراقي الدكتور عمر محمد الطالب فرأينا يستثمر اللون ايما استثمار لخلق الاجواء التي يريدها لايصال اعماله للايحاء بالافكار التي تصدر عن اولئك الابطال ولم نتحدث عن دلالات اللون عند هذا القاص المعاصر حديثاً "عائماً" او حديثاً يمثل وجهة نظرنا وانما اقمنا الدليل على مارأينا بجداول احصائية دقيقة تمثل اعتماده الواناً شتى وعدد المرات التي استثمر فيها اللون الواحد في كل عمل من اعماله.فرأينا براعة فائقة في اشاعة ايماءات خاصة به في استثمار الالوان واعتماد دلالالتها.

الهوامش

1. احمد مختار عمر:اللغة واللون 111، وتجدر الاشارة هنا الى الالوان لدى الصينين خمسة هي:الاحمر، والاسود، والاصفر، والابيض، والاخضر (الازرق) وترتبط هذه الالوان بالعناصر الخمسة التي هي: النار والحديد والخشب والتراب والماء.وترتبط بعناصر السعادة الخمسة ايضاً وبالفضائل الخمس وبالرذائل الخمس وبمبادى الايمان ولمزيد من التفصيل ينظر:Faber Blrren ,Light, Color and enviromemt,p.195

2. المصدر نفسه 111.وكذلك نجد ان الالوان في الاساطير اليونانية ترتبط بعصور الانسان الاربع وهي:الذهب والفضة والنحاس والحديد.

3. المصدر نفسه 112.

4. وثمة جهود في مجال الدراسات اللغوية وتصنيف للدوال اللونية على مستوى الحقل الدالي Semantio Field، وقد اقتصرت على الخطاب اللغوي ولمزيد من التفصيل ينظر: محمد حافظ دياب جماليات اللون في القصيدة العربية 41 وكذلك: Dr.Asim Ilyas,Idiomatic colour Xpression, p.27..

5. مؤلف كتاب "مفرج النفس" ان الالوان تقسم على قسمين بسيط ومركب.فللبسيط لونان:الابيض والاسود وتقسم عند بعض الناس على اربع الوان هي:الابيض والاسود والاحمر والاصفر، وما يتركب منها، وتولد الاخلاط السوداوية، ويحدث عنها من الفكر الرؤية

والهموم المؤذية والاحزان الملازمة، وتعمي القلوب، والالـوان المفرحـة وهـي الابـيض والاحمر والاخضر والاصفر ينظر: بشير فـارس: سر الزخرفـة الاسـلامية، ص ص40-49. واحمد مختار عمر:"اللغة واللون" 183-185.

6. المخصص 11/209-303.

7. ينظر: د.صالح احمد العلي:"الوان الملابس العربية في العهود الاسلامية الاولى 81-85.

8. المصدر نفسه 77-78.

9. ذكر النمري في كتابه:" الملمع": ان الـلـه عز وجل خلق الالوان خمسة:بياضـاً وسـواداً وحمرة وصفرة وخضرة، فجعـل منهـا اربعـة في بنـي ادم: البيـاض والسـواد والحمـرة والصفرة، ينظر: محمود شكري الالوسي "رسالة الالوان "، 20.

10. ينظر: ابو عبد الـلـه الحسين بن علي النمري"الملمع"1.

11. ينظر: ديوان حسان 74/1، وابو عبدالله الحسين بن علي النمري:"الملمع"/1.

12. ديوان امرئ القيس/15.

13. المصدر نفسه /82.

14. ديوان صفي الدين الحلي/14.

15. ديوان ابي الطيب المتنبي/19.

16. ديوان امرئ القيس /87.

17. ديوان ابي الطيب المتنبي/14.

18. شعر ربيعة بن مقروم، ضمن:شعراء اسلاميون /281. ونظر:الدكتور وولف ديتريش فيثر" التعبير عن اللون في الشعر العربي القديم" 20.

19. شعر عمر بن كلثوم التغلبي، ضمن: مجلة المشرق، السنة العشرون، ع7، تموز 1922، ص596.

20. ينظر: كتاب "الملمع"، 1.

21. ديوان امرئ القيس/178.

22. وقد استنتج وولف ديتريش فيثر في مقالته "التعبير عن اللون في الشعر العربي القديم" بأن الانسان الجاهلي كان يشاهد بالدرجة الاولى فتوحة الاشياء و ظلمتها ويهل لونها. كما ان معاني الكلمات الدالة على الالوان مغايرة لمعانيها المألوفة في وقتنا هذا: ميزت هذه الكلمات بين درجات الفتوحة والظلمة بدقة وتفصيل00ينظر: التعبير عن اللون في الشعر العربي القديم، 22.

23. ديوان امرئ القيس /461.

24. ديوان ابي الطيب /50.

25. لمزيد من التفصيل:ينظر محمد حافظ ذياب، 46.

26. يقصد بذلك الانماط الاربعة من توظيف دوال الالوان.

النمط الاول: توظيف دوال اللون على مستوى الوصف.

النمط الثاني: يوظف مفردات اللون توظيفاً" يكون في الاغلب على مستوى التشبيه".

النمط الثالث: يكون في الغالب على مستوى العلاقات الرمزية اذ حيث يتم استحداث مدلولات اللون لتمثيل دواله.

النمط الرابع: يمثل احتجاجاً "على النمطية السائدة في توظيف اللون، واخصاب للثابت تصريحاً " او تلميحاً او ترميزاً، بل هو مفتوح لترويض دوال اللون ةتأويلها وبعد اسلوب الانزياح البعد عن مطابقة الدال للمدلولة اهم اساليب هـذا النمط، ينظر: محمد حافظ ذياب "جماليـات اللـون في القصيدة العربية"، 42.

27.   ينظر:

H.Gauguin ,Return to Symbolism, 25th Art News, Annual N.Y.1956, p.137.

28.   طبعاً لتقسيم L.Hurvich تنقسم الالوان على ثلاثة انماط:

1. السلسلة الاكروماتية اللالونية:وهي الاسود والرمادي والابيض.وتوظيف هذه السلسلة في الخطاب الشعري يتم بوضوح.فالابيض معنى مزدوج فهو لون عدم سفك الدماء Bloodless ولون البرد الذي يلطف الموت، منذ عبارة تنيسون "سترة الموت البيضاء" Death-white وعبارة شيلي "شبح الموت الابيض" Shadow of white dea curtain وهو ايضاً رمز النقاء، كما يتمثل في عبارة سويلبرن "الاحلام البيضاء" White dream.والرمادي هو رمز

الدهاء ولون التحذير من العمر والخوف 000اما الاسود فهو لون كل الاشياء المفزعة الافكار السوداء Black Thoughts و "السنوات السوداء" Black ears.

2. الالوان الاساسية وهي اربعة:الاحمر والاصفر والاخضر والازرق والاحمر.والاحمر طبقاً لكريستينا روسيني لون حي ووثني، وهوماً دعا كيتس الى استخدام تنويعات: الوردي Rose والقرمزي Crimson والياقوتي Ruby والزئبقي Vermillic والوردي بينها اختاره لوناً للحب محموماً تجده عند فيويديث التي غدت " لذكريات الحب الوردية Love s rosy memories". اما الاخضر فهو المحبب لوينبرن انه لون ايزيك 00لون الامل.

3. ظلال الالوان او النقب وهي الالوان الهامشية وتعد بالالاف 0ينظر محمد حافظ ذياب "جماليات اللون في القصيدة العربية "44.

اعتمدنا في دراسة اعمال القاص عمر محمد الطالب على رواياته ومجموعاته القصصية

وهي:

- خمسينات اضاعها ضباب الايام، مطبعة النعمان، النجف الاشرف، 1971.

- الاحداق المجروحة، رواية، جامعة الموصل، 1976.

- انسان الزمن الجديد، رواية، جامعة الموصل، 1981.

- صراع على مشارف قلب، رواية، دار الاتحاد الاشتراكي، 1988.

- مسافات الحب، مجموعة قصصية، دار عكاظ، المغرب، 1989.

- الامال المؤجلة، مجموعة قصصية، دار عكاظ، المغرب، 1989.

- غرفة الليل الدافئة، مجموعة قصصية، دار عكاظ، المغرب، 1992.

29.   ينظر: خمسينات اضاعها ضباب الايام، 79.

30.   المصدر نفسه، 103.

31.   ان اللون الابيض يدل على اصالة وقوة تهيء له متعة المغامرة كما يقول امرئ القيس

وابيض كالخراق بليت حدة   وهبيه في الساق والقصرات

ينظر: شاعرية الالوان عند امرئ القيس، محمد عبد المطلب، 60.

32.   ينظر الاحداق المجروحة، 69-103.

33.   ينظر خمسينات اضاعها ضباب الايام، 15-26.

34.   اما اللون الاسود فهو لون حزن، وهذه بدالة قد جاءت اليه من الظلام الـذي يسـود الليل بعد موت النهار. ينظر: فوزي رشيد، افاق عربية، عدد تشرـين الثاني، السـنة السادسة عشرة، 1991، 150. كذلك ينظر: The Artsof Colour، 408 و The lu scher colour 75، وكذلك ينظر: شيرين احسـان شيرزاد، مبادى في الفن والعـمارة، 180، وعلى الرغم من كون اللون الاسود كثيباً فان استعماله كخلفية يملك نبرات بيـض او بالوان اخرى قد تعطي نتائج تشكيلية ذكية0

ويجب ان لانسسى ان الشعراء العرب قد اسرفو في مدحهم للعيون السود.

35. عذراء تبحث عن00، في مجموعة خمسينات اضاعها ضباب الايام، 41.

36. د.عمر الطالب، انسان الزمن الجديد، 16.

37. د.عمر الطالب، خمسينات اضاعها ضباب الايام، 102.

38. د.عمر الطالب، انسان الزمن الجديد12، لم ازرع خنجري في صدره 00كان الشارع نحوا من ضياء القمر00بساطاً من زرع احمر 00اغنيته وجود كاملة 000

39. ينظر د.عمر الطالب(انسان الزمن الجديد 16) قال لم جئت الينا؟

اجبت:لادرس

قال: تعني اذن البنفسج؟

(الامل... ان الهالة التي احاطت بشريف ليست سوى غيمة غابرة)

ثبت بالمصادر والمراجع

العربية:

1. ابو عبد الله الحسين بن علي النمري، كتاب الملمع، تحقيق وجيهة احمد السطل، مطبعة زيد بن ثابت، دمشق، 1976.

2. ابو الليث نصر بن محمد بن احمد بن ابراهيم الفقيه السمرقندي الحنفي تنبيه الغافلين في الموعظة بأحاديث سيد الانبياء والمرسلين، مكتبة الشرق الجديد، بغداد، 1989.

3. ديوان المتنبي، دار صادر للطباعة والنشر، دار بيروت للطباعة والنشر، بيروت، 1964.

4. احمد مختار عمر، اللغة واللون، دار البحوث العلمية، الكويت، 1982.

5. اف.ار. بالمر، علم الدالة، ترجمة مجيد الماشطة، الجامعة المستنصرية، 1985.

6. امرؤ القيس، ديوان امرؤ القيس:محمد ابو الفضل ابراهيم، ط4، دار المعارف، القاهرة.

7. بشر فارس، سر الزخرفة الاسلامية، منشورات المعهد الفرنسي، القاهرة، 1952.

8. حسان بن ثابت، ديوان حسان بن ثابت الانصاري، تر:/د. وليد عرفات، 1974، دار صادر، بيروت.

9. ستانلي هايمن، النقد الادبي ومدارسه الحديثة، ترجمة د.احسان عباس ود. محمد يوسف نجم، دار الثقافة، بيروت -لبنان، ج1، (د.ت).

10. سيرجي.م.ايزنشتاين، الاحساس السينمائي لقريب سهيل جبر، دار الفارابي، بيروت، 1975.

11. شهاب الدين احمد بن عبد الوهاب النويري، نهاية الارب في فنون الارب، وزارة الثقافة والارشاد القومي، المؤسسة المصرية العامة للتأليف والترجمة والطباعة والنشر.

12. شيرين احسان شيرزاد، مبادى الفن والعمارة، الدار العربية، بغداد، 1985.

13. د.صالح احمد العلي، الوان الملابس العربية في العهود الاسلامية الاولى، مجلة المجمع العلمي العراقي، المجلد السادس والعشرون، 1975.

14. صفي الدين الحلي، ديوان صفي الدين الحلي، المطبعة العلمية، النجف، 1956.

15. عبد الغني النابلسي، تعطير الانام في تعبير المنام، مكتبة الشرق الكبير، دار الحرية، بغداد، 1988.

16. عمرو بن كلثوم التغلبي، شعر عمرو بن كلثوم التغلبي، ضمن: مجلة المشرق، السنة العشرون، ع7، تموز 1922.

17. فليب فان تيغيم، المذاهب الادبية الكبرى في فرنسا، ترجمة فريد انطونيوس، مطبعة عويدات، بيروت.

18. د.فوزي رشيد، الالوان ودلالاتها، مجلة افاق عربية، السنة السادسة عشر تشرين الثاني، بغداد، 1991.

19. محمد بن سيرين، كتاب تعبير الرؤيا، دار العلوم الحديثة، بيروت، اوفسيت دار السلام، بغداد، 1982.

20. محمد حافظ دياب، جماليات اللون في القصيدة العربية، مجلة فصول، المجلد الخامس، العدد الثاني، /يناير /فراير/مارس، 1985.

21. محمد عبد الملطب، شاعرية الالوان عند امرؤ القيس، مجلة فصول المجلد الخامس، العدد الثاني /يناير /فراير/مارس، 1985.

22. محمود شكري الالوسي، رسالى الوان، مجلة المجمع العلمي العربي، دمشق، ط2، 1969.

23. د.نوري حمودي القيسي، شعراء اسلاميون، ط2، عالم الكتب، مكتبة النهضة العربية.

24. وولف ديتريش فيشر، التعبير عن اللون في الشعر العربي القديم، مجلة التربية والعلم، جامعة الموصل، العدد الثامن، ايلول، 1989.

الاجنبية:

1. Asim I.Ilyas, Idiomatic Colour Expression in English and Arabic with Reference to Translation ,Adab-Al Rafdain, vol 161,1986.

2. Ben Veniste, problemes de linguistique generale,2.

3. Bernard Relvaille, la poesie Symboliste, Paris, 1971.

4. Brigitte a gard. Murie-France Boireau-Kavier Darcos,le XIXe Siecle en litterature, Hachette,1986.

5. Garoline ,F.E Spurgeon ,Shakespeare s Imageryt it Tells us ,Cambridge, 1968.

6. Faber Birren, lighgt, color and Environent, van Nostrand reinhold Company, 1982.

7. Francis D.K Chine, Interior design Illustrated, van Nostrand Reinhold Company, New York, 1987.

8. H.Ganguin.Return to Symbolism, 25th Art News, Annual, N.Y,1966.

9. Henri Benac, Guide des idees Litteraires, Hachette, 1986.

10. Mait land Graves, The Art of Color and Design ,2nd eddition Mc Graw- Hill Book Company, 1950.

11. Patrick Oliver, Poesies Rimband ,Profic d ume Oeuvre, Hatier Paris, 1977.

12. R.H.Robins , General linghuistics, An introductory Survey of Longman Paperback, 2nd eddition, 1971.

13. Sartre, J.P.Qu est-ce cue la Litterature? Gallimard Paris, 1964.

14. Thomas Chenery, The Assemblies of Al Hairi. Vol, I Gregg Inter-National Publishers, limited, England, 1969.

الفصل الحادي عشر
علم الصوت الكلامي واللغوي

الفصل الحادي عشر
علم الصوت الكلامي واللغوي

أهمية دراسة علم الصوت

لقد ارتأيت أن أبين في هذا الفصل قيمة وأهمية دراسة الأصوات ومزاياه في علم اللغة لما للدراسات الصوتية الأثر الكبير في البحث العلمي في علم اللغة وخاصة في معرفة أبجديات ورموز الصوتية لأن اللغة ظاهرة صوتية تختلف اختلافاً كلياً من سائر العلامات والرموز غير اللغوية في عملية الاتصال اللغوي. كما وان هناك علاقة وثيقة بين الدراسات الصوتية والعلوم الأخرى وخاصة الصرف وعلم الدلالة أو المعنى، فليس هنالك علم صرف دون معرفة الأصوات. فضلا عن علاقة النحو بالأصوات حيث ترتبط تركيبة الكلمات بالأصوات كما عدت دراسة الأصوات عند النحاة العرب قسما من أقسام النحو. كما ان الدراسات المعجمية تبين لنا العلاقة الوثيقة أيضا بين دراسة الأصوات والدراسات المعجمية فليس ثمة معجم أجنبي أو عربي خال من الأصوات فهذا معجم العين وتهذيب اللغة في اللغة العربية مثلا Robert و Larousse في اللغة الفرنسية و Oxfard في اللغة الإنكليزية مثلا وغيرهم من المعاجم والقواميس إنما يدل دلالة واضحة على حاجة هذه الدراسات للأصوات. كما ان لعلم الصوت أهمية كبرى بعلم المعنى أو الدلالة، فالمعنى قد يتحدد أحيانا عند النبر والموسيقى وان الفونيمات تؤدي دوراً فعالاً في تحديد دلالات الكلمات. وأخيرا يمكننا القول بان الصوت له اهمية كبيرة لدى الباحث اللغوي في تحليل عناصر الكلام.

نظرة تاريخية:

لقد اهتم النحاة واللغويون منذ عهد قديم بدراسة الصوت الإنساني بوصفه المادة الرئيسة في عملية التواصل التي تكون نظاماً خاصاً لكل مجموعة بشرية كما اهتم اليونان وبعدهم الرومان بدراسة الأصوات اللغوية التي كانت توجد في أقوالهم وشعرهم فقد درس أرسطو الأصوات وقسم الحروف إلى صوت مصوت ونصف مصوت وصامت ، كما اهتم العرب أيضا بدراسة الأصوات، اهتماما كبيرا، فقد سبق علماء العربية وغيرهم في مجال الدراسات الصوتية وخاصة الخليل بن احمد الفراهيدي وابن جني وسيبويه ويعد ابن جني رائدا في استكشاف أصول نظرية الفونيم وتفاصيلها النقدية قبل دانيال جونيز (Dail Jones) بقرون عديدة، كما سبق الخليل بن احمد الفراهيدي في بحثه فيزيائية الصوت قبل علماء أوربا معتمدا على حسه الصوتي المرهف وقدرته السمعية في تحليل الصوت [1] وتجدر الإشارة بان كلاً من اليونان والرومان والهنود والعرب صنفوا أصوات لغتهم حسب موضع النطق لكل صوت ودرجة اتصاله وقد رتب العرب الأصوات ابتداء من إيضاحها في الخلف إلى الشفتين كما ذكروا الأصوات الانفية، وهذا الترتيب نجده عند العالم النحوي الخليل بن احمد الفراهيدي وسيبويه، فقد صنف سيبويه الأصوات العربية في ثلاثة طبقات

1. الشديدة

2. الرخوة

3. مابين الشديدة والرخوة

فالطبقة الشديدة تضم: الهمزة، و الكاف، والجيم، والطاء، والتاء، والدال، والباء.

أما الطبقة الرخوة فتضم: الهاء، والحاء، والغين، والخاء، والشين، والصاد، والضاد، والزاي، والسين، والظاء، والثاء، والذال، والفاء.

أما الطبقة مابين الشديدة والرخوة فتضم: الهمزة، واللام، والميم، والراء، والواو، والألف كما في (ما).

إن دراسة الأصوات اللغوية وما توصل إليه اللغويون لا يبلغ من الدقة ما وصل إليه المحدثون في فرنسا وإنكلترا والولايات المتحدة وروسيا، وان ما توصل إليه النحويون واللغويون العرب من نتائج الحديث في مستويات هائلة نتيجة لعمق المفردات الصوتية التي أيدها العلماء الأوربيون أمثال العالم الإنكليزي اللغوي فيرث (firth) حيث قال : "إن علم الصوت قد نما وشب في خدمة لغتين عند شعبين هما: السنسكرتيية والعربية"[2] ان النظرية الصوتية عند العرب حارث بن تجرس وتجارب النحويين واللغويين أمثال الخليل وسيبويه و الفراء و ابن جني

النظريات النحوية والصرفية وصوتية وإيقاعية وتشريحية شكلت بمجموعها "نظرية الصوت". ويرى حاتم الضامن وإن من خواص التطور الصوتي بأنه يسير ببط وتدرج نتيجة لاختلاف الأصوات من جيل إلى جيل وهذا الاختلاف يظهر بصورة جليه إذا ما وزنا بين حالتهما في جيلين تفصليها مئات السنين كما ان التطور يحدث تلقاء نفسه ولا دخل فيه للإرادة الإنسانية فضلا عن انه جبري الظواهر لأنه يخضع لقوانين صارمة لا اختبار للإنسان فيها، وان معظم ظواهر التطور الصوتي يقتصر أثارها على بيئة معينة وعصر خاص. اما العوامل التي تودي إلى تطور الأصوات فيرجع إلى التطور الطبيعي أعضاء النطق واختلافها باختلاف الشعوب، والى الإخطار السمعية وموقع الصوت في الكلمة

وتناوب الأصوات وحلول بعضها محل بعض وكذلك إلى الأمور النفسية والاجتماعية والجغرافية فضلا على اثر العوامل الأدبية.[3]

الصوت الكلامي والصوت اللغوي

إن التميز بين الصوت الكلامي (la phonétique) والصوت اللغوي (la phonologie) يمكن إدخاله ضمن ثلاثية دي سوسير التي هي:

- إن كل من الصوت الكلامي والصوت اللغوي يدرسان الدال (le signifiant) لكن الصوت الكلامي يدرس الدال بالإشارة إلى مدلول (le signifie).

- إن الصوت الكلامي يقع ضمن مجال الكلام (la parole) في حين أن الصوت اللغوي يقع ضمن مجال اللغة (la langue) وتجدر الإشارة إن العلم الفرنسي ـ اللغوي لندريه مارتنيه (A. Martinet) يضيف بان كل شي وظيفي يعود إلى اللغة، وان الخصائص التي تؤخذ بعين الاعتبار غير ثابتة، لأنه ليست بالضرورة تقود إلى مجال الكلام نفسه.

- إن التمثيل بين الصوت الكلامي والصوتي اللغوي. يرجع إلى وجه النظر لعلوم اللغة ألوصفي ولعلم اللغة التاريخي، إلا أن الصوت اللغوي يدرس وظيفة الصوت في اللغة الذي بدوره يتضمن أنظمة الفونيمات، وبهذا تعد وجهة نظر الوصفية أكثر أهمية في الصوت اللغوي.

وقد لخص تروبتسكوس (Trubetzkoy) التعارض بين علم الصوت الكلامي وعلم الصوت اللغوي في الجدول الآتي:[4]

علم الصوت الكلامي

- علم يدرس أصوات الكلام
- علم يختص بالوجه المادي لأصوات لغة كلام الإنسان
- ان علم الصوت الكلامي هو عالم الفونيمات التجريبية حيث تكون طرق الصوت هي تلك العلوم الطبيعية.

علم الصوت اللغوي

- علم يدرس أصوات اللغة
- علم يختص بالوظيفة اللغوية لأصوات لغة الكلام
- اللغة هي نظام اجتماعي وعالم العلامات والوظائف والقيم وان علم الصوت اللغوي يوظف الطرق المستخدمة لدراسة النظام القواعدي للغة.

يستوجب علينا معرفة طبيعة الصوت الكلامي عندما نتحدث عن الصوت الكلامي، بالسلسلة الكلامية (la chaîne parlée) التي تتكون من عناصر صغيرة لا يتشابه اثنان منها، وهذا واضح من الآثار الصوتية التي تسجلها للأصوات بعض الآلات في المختبرات الصوتية كالسيلوكراف من حيث طبيعة وشدة ودرجة الصوت. قال محمود السعران: (5) "ثبت أن ما نسميه في الدراسات اللغوية" الصوت الكلامي لا وجود له من جهة نظر الطبيعة (الفيزياء). كما ثبت انه إذا ولى عنصر من العناصر التي نسميها "الصوت الكلامي" عنصرا آخر، فالأغلب أنهما يتداخلان تدريجيا، فقد أتضح ما نسميه "الصوت الكلامي" تبدأ عادة في الظهور قبل أن ينتهي " الصوت الكلامي" السابق له، وانهما يستمران في اظهار خواصهما بعد أن يبتدئ الصوت"، وعليه

يجب دراسة السلاسل الكلامية في البحوث اللغوية فالكلام يحدث نتيجة إحداث معينة تقوم بها أعضاء النطق (les organes de la parole) [6] والشكل التالي يبين لنا مواقع كل عضو من هذه الأعضاء٭ فاللسان والشفتان يتخذان مواقع مختلفة، كما يقومان بحركات مختلفة عندما يحدث الكلام وعليه يمكن تصنيف الصوت الكلامي إلى قسمين رئيسين هما الصوائت والصوامت.

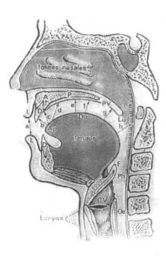

Organes de la parole	أعضاء الكلام
L: levres	الشفتان
D: dents	الاسنان
A: alveoles des dents	فوهة الحنك
P: palais	الحنك
VP: voile du palais	اقصى الحنك
Lu: luette	طرف اللسان
Ap: apex(point de la langue)	اللوزتان الصوتية
Do: dos dela langue	ظهر اللسان
Ph: pharyx	البلعوم
CV: cordes vocales	
TA: trachee artere	
E: epiglotte	
Oe: oesophage	

يقوم هذا التقسيم على أسس واعتبارات سمعية

وهي اختلاف موضح كل منهما في السمع (sonorité) واختلاف ماهية الصوت من حيث الضوضاء (le Bruit) ناتجة عن احتكاك أم هو أصوات موسيقية منتظمة كما في الصوائت والصوامت.

نطلق على الصوائت في اللغة الفرنسية (Les voyelles). وفي اللغة الإنكليزية بـ (The vowels). كما يطلق على الصوامت باللغة الفرنسية بـ(les consommés) وفي الإنكليزية بـ (The Consonants), وقبل الحديث عن الصوائت والصوامت في اللغتين العربية والفرنسية، لابد لنا أن نقدم تعريفاً بسيطاً لهذين القسمين من الأصوات في الكلام الطبيعي، فالصامت (la consonne) صوت له نقطة نطق محدودة وله ناطق محدد، كما يحدث لتيار النفس عند نقطة نوع من الإعاقة أو الإغلاق ثم الانطلاق، وقد يكون الصامت انفجاريا او امتداديا او فرجيا او رنينيا او احتكاكيا او انفيا او جانبيا من حيث طريقة نقطه. أما من حيث نقطة النطق (point d'articulation)، فقد يكون الصامت حنجريا او حلقيا او لهويا او طبقيا او غاريا او لثويا او اسنانيا او شفويا. أما من حيث الناطق، فقد يكون الناطق مؤخر اللسان او وسطه او مقدمته او ذلقه، وقد يكون الناطق الشفة السفلى.[7]

والأصوات الصامتة في العربية هي (همزة القطع، ب – ت- ث- ج- ح- خ- د- ذ- ر- ز- س- ش- ص- ض- ط- ظ- ع- غ- ف- ق- ك- ل- م- ن-هـ - و مثل (ولد) – ي مثل (يترك).وتتفاوت نسبة استعمال الأصوات الصامتة في اللغة العربية فبعضها تستعمل أكثر من بعض وقد أجرى الدكتور إبراهيم أنيس دراسة منها، مستعينا بالمتخصصين في الرياضيات وعلم

الإحصاء فوجد بعد قراءة عشرات من صفحات القرآن الكريم كما يقول ان نسبة الأصوات الصامتة في كل 1000 صوت صامت هي:[8]

(ل: 137، ن: 113، هـ: 56، ت: 50، ب: 43، ر: 38، م:124، والهمزة: 72، و: 52، ي: 45، ل:41، ق:38، ع: 37، س: 20، د: 18، ح: 15، ص: 8، ض: 6، ب: 5، ز:4، ق:23، د:20، ج:16،خ:10، ش:7، غ: 5، ظ:3).

وما هو جدير بالملاحظة ان جميع الصوائت مجهورة، أما الصوامت فمنها ما هو مجهور ومنها ما هو مهموس، ومن المعروف ان الصوت الكلامي ينقسم من حيث تذبذب الوترين وعدم تذبذهما عند النطق الى قسمين يطلق عليهما بالأصوات المجهورة والاصوات المهموسة كما ان هناك صوتاً واحداً لا مهموس ولا مجهور وهو الهمزة. والصوت المجهور هو صوت كلامي تصاحبه ذبذبة الوترين الصوتين. والأصوات المجهورة عند اللغويين العرب القدامى هي جميع الأصوات اللغوية عدا الأصوات العشر التي جمعوها بعبارة " فحثة شخص سكت"، أما المحدثون اللغويون فيرون أن المجهورة اقل مما عدّ القدامى بصوتين وهما القاف والطاء. وهكذا يقع عدد الأصوات المجهورة عند المحدثين ستة عشر هي:[9]

(أ، ب- ج- د- ذ- ر- ز- ض- ظ- ع- غ- ل- م- ن- ي- د) يضاف إليها الصوائت القصار (الفتحة والكسرة و الضمة شانها في ذلك شان الالف، والياء والواو) أما الصوت المهموس (Voiceless sound او sourde اللغة الفرنسية) فهو الصوت الذي لا يتذبذب معه الوتران الصوتيان عند النطق. وبهذا تختلف الأصوات المجهورة عن الأصوات المجهورة عن الأصوات المهموسة من ناحية الصوت المنبثق منها. فالأصوات المجهورة أكثر وضوحا عند السمع بسبب التناغم الذي يحدثه الوتران الصوتيان، كما ان

الأصوات المهموسة يحتاج نطقها إلى قوة من إخراج النفس أعظم من التي يتطلبها نطق الصوائت المجهورة. والأصوات المهموسة لدى القدامى عشرة وعند المحدثين اثنا عشر- بإضافة القاف والطاء وهي (ت- ث- ح- خ- س- ش- ص- ط- ن-هـ - ق- ك). وتقسم الصوامت حسب طريقة النطق (mode d'articulation) أي حسب حالة ممر الهواء عند موضع النطق (Lieu d'articulation) إلى.[10]

1. الانفجارية	(Plosives)
2. الانفجارية الاحتكاكية	(Affricatives)
3. الانفية	(Nasals)
4. المنحرفة	(laterals)
5. المكررة	(Rolled)
6. المستلبة	(Flapped)
7. الاحتكاكية	(Fricativless)
8. المتحادة غير الاحتكاكية	(Frictionless)
9. أشباه الصوائت	(Semi-vowels)

1. **الصوامت الانفجارية:**

ان الصوت الانفجاري ينتج عن حبس مجرى الهواء الخارج من الرئتين في وضع من المواضيع الذي ينتج عنه وقف وثم انطلاق المجرى الهوائي. والاصوات العربية الانفجارية هي:

- الباء
- التاء:
- الدال:
- الطاء:
- الضاد:
- الكاف:
- القاف:
- همزة القطع:

2. الصوامت الانفجارية الاحتكاكية:

يقصد بالصوامت الانفجارية الاحتكاكية هي إتباع الصوت الانفجاري بصوت احتكاكي لتكوين صوت مزيجي، والصوت المزيجي هو صوت امتدادي يفتح فيه انغلاق الانفجاري ببطء حيث يؤدي إلى إحداث صوت احتكاكي وهو بذلك صوت مركب من انفجاري متبوع باحتكاكي، مثل /C/ المكون [ts] و[j] المكون من [dz]. إن هذا النوع من الأصوات الانفجارية الاحتكاكية غير معروف في الأصوات العربية الا في العاميات العربية.

3. الصوامت الانفية:

تتكون الصوامت الانفية من انحباس الهواء تماما في موضع من الفم وانخفاض الحنك اللين عندئذ يسمح بنفاذ الهواء عن طريق الأنف. والصوامت الانفية هي: الميم والنون.

4. **الصوامت المنحرفة:**

الصوامت المنحرفة هي صوت رنيني يمر أثناءه تيار النفس في جانب التجويـف ألفمـي، مثل اللام العربية و [L] الإنكليزية والفرنسية.

5. **الصوامت المكررة:**

و الصوامت التكراري او الصامت المتردد هو صامت ينطق بطرق سريع لمقدم اللسـان على الأسنان او طرق اللهاة على مؤخر اللسان، مثل /r/ العربية.

6. **الصوامت المستلبة:**

الصوت المستلب او المستل يحدث نتيجة طرقة واحدة سريعـة مـن عضـو مـرن كطرف اللسان على عضو آخر كاللثة، ومن أمثلة هذه الأصوات الراء المستلة و /t/ الأمريكيـة حين تقع بين صائتين كما في Water.

7. **الصوائت الاحتكاكية:**

ينشأ الصوت الاحتكـاكي نتيجـة لإعاقـة التيـار جزئيا بحيـث يحدث الهـواء في خروجـه احتكاكا مسموعا. و الصوامت الاحتكاكية العربية المهموسة هي: ف، ث، س، ش، ص، خ، ح، هـ والصوامت الاحتكاكية العربية المجهورة هي: ذ، ظ، ز، غ، ع.

8. **الصوامت المتمادية غير الاحتكاكية:**

تطلق تسمية الصوامت غير الاحتكاكية على أي من الصـوائت او أشباه الصـوائت او أي من الصوائت باستثناء الصوامت الانفجارية ومن أمثلة هذا النوع من الصوامت الراء الإنكليزية "حيث تكون الفتحة بين زلق اللسان وبين

اللثة أوسع شيئا من تلك اللازمة لإحداث الـراء الاحتكاكيـة، وتسـتخدم قـوة زفـير اضـعف مـن المستخدمة عادة في تكوين الـراء الاحتكاكيـة، فينـتج عـن هـذا ان الـراء التـي ينطقونهـا تكـون "متمادة" أي يدوم نطقها ما أسعف النفس، ولكن لا يسمع معها احتكاك فتوصف أنها "متمادة غير احتكاكية.[11]

9. أشباه الصوائت

وتسمى ايضا اشباه الصوامت وشبه الصوامت هو صوت ينطلق كأنه صائت ويوزع كأنه صامت، أي انه صائت صوتيا وصامت فونيميا او وظيفيا. ولذا فهو يدعى شـبه صـامت او شـبه صائت ويوجد في الإنكليزية ثلاثة هي: /r, y, w/ وتدعى أيضا انزلاقيا. (12) وفي العربيـة صـوتان صائتان هما الواو في "وجد" والياء في "يزن".

تصنف الصوامـت حسـب مخارجهـا أو حسـب موضـع النطـق(13) (lieud'articulation (place of articulation

1. **الأصوات الشفوية** (labial consants)

الباء B صوت شديد مجهور

الباء P صوت مهموس

الميم م صوت مجهور متوسط بين الشدةوالرخاوة

ويطلق عليها ايضا اسم الصوامت (الغناء) فهي في هذه الصفة كالنون

2. **الصوت الشفوي الاسناني** (labial dental)

وهو صوت واحد هو: الفاء F صوت شفوي اسناني وكذلك صوت رخو مهموس

3. **الاصوات الاسنانية** (Dentl)

وهي ثلاثة الذال و الثاء والظاء وسميت اسنانية لان مخارجها مابين طرف اللسان وأطراف الثنايا

الذال: وهو النظير المجهور للثاء أي انه يختلف عن الثاء في شئ واحد هو تذبذب الوترين الصوتين عن النطق.

الثاء: وهو صوت رخو مهموس يتكون مثلما يتكون الذال.

الظاء: وهو صوت مجهور كالذال تماما.

4. **الأصوات الاسنانية اللثوية:**

وهي تشترك في تكوينها الاسنان واللثة مع طرف اللسان مثل التاء، والدال، والطاء، والضاد.

5. **الأصوات اللثوية :**

وهي التي يشتنرك في تكوينها طرف اللسان واللثة

اللام وأنواعها (صوت متوسط مجهور ذلق يتكون بمرور الهواء عند الحنجرة وتحريك الوترين الصوتين.

الراء وهو حرف مكرر يتم نطقه بضرب اللسان واللثة مرتين او ثلاثة.

النون وهو صوت متوسط مجهور يتذبذب مع الوترين الصوتيين وهو صوت انفي حسب ما يراه المحدثون.

6. **الاصوات الاسلية:**

ثلاثة أصوات تخرج من اسلة اللسان مع اللثة او الثنايا وان اول من اطلق عليها هذه التسمية الخليل بقوله: "لان بداها من اسلة اللسان، وهي مستسل طرق اللسان وكذلك سميت الصفيرية السين والزاي والصاد:

السين صوت مهموس يختلف باختلاف اللهجات العربية والافراد.

الزاي صوت مجهور رخو يناظر السين ولا يفترق عنه الا في صفة الجهر.

الصاد صوت رخو مهموس مطبق.

7. **أصوات وسط الحنك وهي خمسة:**

الشين: صوت رخو مهموس.

الجيم: صوت مجهور شديد يتكون عند اللتقاء وسط اللسان بوسط الحنك الاعلى االالتقاء يكاد يحبس مجرى الهواء.

الفتحة والالف يتكونان من استقرار اللسان في قاع الفم مع ارتفاع طفيف جدا لوسطه باتجاه الحنك الاوسط والاقصى.

الكسرة وياء المد: وفيها يرتفع مقدم اللسان باتجاه وسط الحنك تاركا فراغا يسمح بمرور الهواء من دون احتكاك مسموع عند النطق.

شبه الصائت الياء: والذي يسميه الغربيون نصف عله (semivoyelle) كالياء في "يرث" وفي "بيت".

8. **اصوات الحنك:**

الكاف صوت شديد مهموس يتكون باندماج الهواء في مجراه فاذا واصل الى اقصى الحنك انحبس انحباسا تماما. لاتصال اقصى اللسان باقصى الحنك بحيث لا يسمح بمرور الهواء عند ذلك الى الخارج ، ثم يطلق بعد ذلك سراح المجرى الهوائي وصوت انفجاري.

القاف : صوت شديد مهموس انفجاري.

الضمة و واو المد: يتذبذب الوتران عند النطق بهذين الصائتين.

الواو صوت حنكي قصي.

شبه الصائت (الواء): يخرج هذا الصوت عند اقتراب اقصى اللسان من اقصى الحنك مثل "وادي" والواو شبه صائت وليست صائتا.

9. **الاصوات الخلفية:**

هي العين والغين والحاء والهاء والهمزة:

العين: صوت رخو مجهور مخرجه من ادنى الحلق الى الفم.

الخاء: صوت رخو مهموس يتكون باقتراب اقصى اللسان من اقصى الحنك.

العين: صوت مجهور متوسط بين الشدة والرخاوة.

الحاء: صوت رخو مهموس يناظر العين في المخرج من حيث انه وسط الحلق أيضا.

الهاء: صوت رخو مهموس تظل فتحتة المزمار معه مفتوحة منبسطة.

الهمزة: صوت شديد لا مجهور ولا مهموس.[14]

بعد ان استعرضنا الصوامت في اللغات واللغة العربية نود ان نقدم بصورة موجزة الصوامت في اللغة الفرنسية لكي يطلع القارئ العربي على أوجه التشابه والاختلاف بين لغة الأم واللغات الأجنبية الأخرى. وتقسم الأصوات الصامتة حسب موضع النطق ومخارجه حسب ما جاء به أندريه مارتنيه إلى:

1. الشفوية مثل: [m] , [b] ,[p]
2. الشفوية الاسنانية مثل: [f] ,[v]
3. الأصوات الذلقية مثل: [t] ,[d] ,[n]
4. الصغيرية مثل : [s] ,[z]
5. اللثويه الحنكية مثل: [ ] ,[ ]
6. الحنكية مثل: [r] ,[j]
7. طبقة حلقية مثل: [k] ,[g]

وتقسم هذه الصوامت حسب تذبذب الوترين الصوتين وعدم تذبذبهما عند النطق وحدوثه. الصوامت المجهورة (sonores) والصوائت المهموسة (sourdes) و الانفية (nosales)

- الصوامت المهموسة (sourdes) هي : [p] ,[f] ,[t] ,[s] ,[ ] ,[k] حيث لاتيتذبذب الوتران الصوتيان عند النطق بهما

- اما الصوامت المجهورة (sonores) فهي: [b], [v], [d], [z], [ ], [r, [g] حيث يتذبذب الوتران الصوتيان عند النطق بها.

- اما الصوامت الانفية (nasales) فهي: [m], [n], [j] (15)

يضاف الى هذا التقسيم أشباه الصوامت (semi-consonnes) . التي سبق شرحها سابقا ويوجد منها في الفرنسية ثلاثة هي: [w], [ ], [j] وسوف يتم شرحها أيضا عند الحديث عن الصوائت.

ويلاحظ ان شبه المصوت أو نصفه عند أرسطو يشارك المصوت في ميزته الثانية وبالعكس فهو يشارك الصامت في ميزته الثانية فقط (تقارب الأعضاء) ويخالفه في الأولى، فهو إذاً متوسط بينهما كما نعته [16] أفلاطون قبل أرسطو لأنه يجمع بين صفتيهما ويلاحظ ان المعاجم الاصطلاحية لها وجهات نظر مختلفة في إعطاء تعريف أشباه او أنصاف الصوامت او الصوائت. وجورج مونان في معجم اللسانيات يعطينا تعريفا نرى انه شاملا ومفصلا عن غيره فيقول: " ان المصطلحين شبه صائت وشبه صامت المترادفين عند عدد كبير من المؤلفين الانتاجات الصوتية خصوصا [j] , [w] , [ ] التي يمكن النظر إليها على أنها صنف وسط بين الصوامت والصوائت، لخصائصها النطقية (الانفتاحية وتوزيعها داخل المقطع ثم يذكر ان بعض علماء الأصوات يميزون شبه الصائت وشبه الصامت، فهو شبه صامت حيث يقع قبل قمة المقطع كما في كلمتي تبيان [tibjan] و اقوال [aqw:l] وهو شبه صائت حين يقع بعد القمة المقطيعة كما في كلمة بيض [baij] و حوض [haws] ويقترح تقديم رمزين صوتيين لكلتا الحالتين (كما نشاهد في الكتابة الصوتية للأمثلة)، ثم يشير إلى ان علماء

الأصوات الإنكليزية يستعملون مصطلحا عاما هو الانزلاقي (Glide) الـذي يتميـز عـلى الصعيد السمات الفزيائئة بأنه ليس صأمتاً ولا صامتا.[17]

ولقد اتفق اللغويون والباحثون العرب والمستعربون على ان اللغة العربيـة الفصحى لم تستعمل في نظامها الفونولوجي من اشباه الصوائت الا اثنين همـا " الـواو " و " اليـاء" [w], [j] وعند قدماء اللغويين العرب يمكن ان نجد نوعين من الياء ونوعين من الواو.[18]

الصوائت (les voyelles أو The vowels)

الصائت "صوت رنيني امتدادي مجهور يصـدر دون إعاقـة لتيار النفسيـ يمثل نـواة القطع التي تأخذ النبرة. وهو أمامي أو مركزي أو خلفي. كما يكون عاليا او وسطيا او منخفضا. كما يكون قصيرا او طويلا، بسيطا او مركبا، أحاديا او ثنائيا او ثلاثياً، مدورا او غير مدور. ولقـد سماه اللغوين أسماء مختلفـة مثل العلـة والمعلـول والصـمت المتحـرك والصـوت اللـين. وهـو يختلف عن الانزلاقي او شبه الصائت (semi vowel) ويقابله الصامت (consonant)"[19]

وتقسم الأصوات الصائتة إلى قسمين هما:

- الأصوات الصائتة القصيرة: الفتحة a، الكسرة I والضمة u .

- الأصوات الصائتة الطويلة: الالف aa، والياء ii و الواو uu في مثل: قال

ومن المعروف بان الفرق بين الصوائت القصيرة والطويلة يقوم على أساس الزمن الذي يستغرقه كل منهما عند النطق. والصوائت الطويلة التي تـؤثر عـادة في الصيغة الصرفية مثـل: فعل وفاعل ومفعول به. وتعد الفتحة من

الأصوات المنسقة، إلا إذا أميلت إحالة شديدة، اما الضمة والكسرة فتعدان اللينة الضيقة.

تقسم الصوائت من حيث عددها الى قسمين هما:

1) البسيطة وتسمى ايضا احادية او نقية, فهو صائت لا تتغير نوعيته من بدء نطقه حتى نهايته أي هي تلك التي تبقى اعضاء النطق عند تكوينها ثابتة في مواضعها مدة من الزمن لا تتغير ش/5/, oe, e, j, u, د, a, او كالصوائت القصيرة في اللغة العربية: الفتحة والكسرة والضمة.

2) المركبة (diphthogs) او الثنصائت او الثنائية, والصائت المركب هو صوت يتكون من صائتين بسيطين او صائت بسيط وشبه صائت متتالين في مقطع واحد مثل (ay) في bite وقد يكون الثنصائت هابطا falling او صاعداً raising.

وتعد الصوائت جميعها مجهورة كما اشرنا ذلك سابقا, والصوائت في اللغة الفرنسية تنقسم الى أربعة أقسام:

1. **الصوائت البسيطة** (les Voyelles orales simples)

وهي:[i] , [e] , [Є], [a] , [a] , [u] , [ ] , [o]. والفرق بين الصوائت يقوم على درجة فتح الفم وغلقه وبهذا فان الصائت [j] ، [u] صوامت مغلقة جدا و الصامت [o] ,[e], [e], [o] صوامت مغلقة و الصائت [ ] ,[ ] صوائت مفتوحة و الصائت [ ] ,[a], [a] صوائت مفتوحة جدا ويمكن تمثيلها في المخطط الآتي:

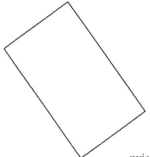

- [i] في مثل : pyjama, si
- [e] في مثل : parler, été
- [ ] في مثل : père, elle
- [a] في مثل : patte
- [ ] في مثل : pâte
- [ ] في مثل : or
- [o] في مثل : oui, zéro
- [u] في مثل : pyjama, si

2. **الصوائت المركبة الشفوية** (les voyelles orales composées)

وهي ثلاثة [y] , [Q] , [œ] والصائت المركب [y] في مثل [tu] ويتكون من [u] بالنسبة للشفتين و [i] بالنسبة للسان والصائت [ ] يتكون من [o] بالنسبة للشفتين و [e] بالنسبة للسان كما في مثل (bleu) والصائت [œ] صائت يتكون [ ] بالنسبة للشفتين و [ ] بالنسبة للسان كما في (heure) أما العلامة [:] فأنها تدل على ان الصائت طويل كما في (chaise)=[ ] .

3. الصوائت الانفية (les voyelles orales nasale) وهي أربعة: [ ] , [ ] , [ ] , [ ]

وتتكون عادة من صائت وصامت [n] او [m] ويمكن أن نجدها في المثال الاتي:

Un bon vin blanc

- Un = [œ]
- bon = [ ]
- vin= [Σ]
- blanc =[ā]

5. أشباه او أنصاف الصـوائت (les semi- voyelles) وهـي ثلاثـة [w] : [ ] , [j] كـما في (oui) و (lui) و (pied). *

الهوامش

1. لمزيد من المعلومات ينظر:
علم الصوت العربي في ضوء الدراسات الصوتية الحديثة للمؤلف قاسم الـدس، دار الكنوز الأدبية 2005.

2. انظر: احمد مختار عمر، البحث اللغوي عند العرب، 101 ، وانظر مصدره.

3. حاتم الضامن، علم اللغة، جامعة بغداد، بيت الحكمة ص 151-152.

4. ينظر:.Trubetzoy. Les principes de phonologie, klincksieck, 1957, pp. 1-15

5. محمود السعران، علم اللغة، دار الفكر العربي 1999، ص 121.

6. ينظر: المصدر نفسه ص 86.
تجدر الإشارة هنا ان أعضاء الكلام لها وظائف اخرى بجانب احداث الكلام.

7. ينظر:
أ. معجـم علـم اللغـة النظري، للـدكتور محمـد عـلي الخولي، مكتبـة لبنـان كلمـة
consonant

ب. محمود السعران، المصدر نفسه ص134-135.

8. ينظر: كاصد ياسر الزبيدي، فقه اللغة العربية، جامعة الموصـل 1987، ص 435-436 ومصدره.

9. د. كاصد ياسر الزبيدي، المصدر نفسه ص 441.

10. ينظر: محمود السعران، المصدر نفسه ص138-155.

وينظر أيضا: د. كاصد ياسر الزبيدي، المصدر نفسه ص 441.

11. احمد السعران، المصدر نفسه ص 149.

12. محمد علي الخولي، المصدر نفسه ص 252.

13. موضع النطق.

14. ينظر: د. كاصد ياسر الزبيدي، المصدر نفسه ص 441- 458. وينظر: محمود السعران، المصدر نفسه ص 151-152ومصادره.

15. ينظر: .Martinek: éléments de linguistique p. 3-14

16. ينظر بحث د. محمد امنزوي (استاذ النحو والصرف كلية الاداب جامعة القاضي عياض بمراكش) أشباه الصوائت في اللغة العربية (نظامها ووظائفها). انترنيت، ص 2.

17. د. محمد امنزي، المصدر نفسه ص 2.

18. لمزيد من التفاصيل ينظر د. محمد امنزي، المصدر نفسه ص 10- 18.

19. د. محمد علي الخولي، المصدر نفسه ص 306.

• تجدر الإشارة بأننا لم ندخل في التفاصيل الدقيقة وإنما حاولنا جهدنا ان نقدم نبذه مختصرة جدا حول الصوائت والصوامت في اللغة الفرنسية.

الفصل الثاني عشر

الخـــوالــــف

الفصل الثاني عشر
الخـــوالـــف

من الصعب جداً اعطاء تعريف واضح ودقيق للخوالف ان أجزنا اعطاء هـذا الصـوت أو الحرف أو اداة التعجب أو الكلمة- جملة في اللغة العربية هذه التسمية . لقد عرف ابـن جنـي الصوت بأنه (عرض يخرج مع النفس مستطيلاً متصلاً حتى يعرض له في الحلق والفم والشـفتين مقاطع كثيفة عن امتداده واستطالته ، فيسـمى المقطع ايـنما عـرض لـه حرفـاً)[1]، ولقـد عـرف الصوت احد المحدثين بأنه (عملية حركية يقوم بها الجهاز النطقي وتصحبها اثار سمعية معينـة تأتي من تحريك الهواء فيها بين مصدر ارسال الصوت وهو النطقي ، ومركز اسـتقباله وهـو الاذن)[2]، وهنالك مـن يـرى ان للحروف معنـى وهنـاك مـن خـالف ذلـك .فقـد اكـد بعـض النحـاة واللغويين ان للحرف معنى في نفسه واكدوا ان المعنى في حالة التركيب اتم منه عنـد الافـراد، ويرى الاخرون من النحاة ان الحرف ليس لـه معنى اصلاً لا في نفسه ولا في غـيره[*]، وهـذا غـير صحيح ولا دليل عليه ، ومنهم من يرى أن الحرف هو اسسه القائمة وحدها مـن الكلمة وقـد يسمى الحرف كلمة والكلمة حرفاً [3]، وهذا يؤكد لنا صـعوبة حـد الحـرف مـن قبـل اللغويين والنحاة المتقدمين والمحدثين [4]. فالخالفة كلمة صغيرة أو كلمة -جملة حسب ما جاء على لسان اللغويين والنحاة الاوربيين أمثـال M.Grevisse و Pierre Guiraud و Robert LAFONT وغـيرهم ذات معان كثيرة .

نقتصر هنا على ايجاز ما عرف به المهتمـون بالدراسـات اللغويـة والنحويـة بالخوالف. فالخوالف اشارات لغوية ذات شكل معقد وقيمة بأرغماطيقية وهذا

يعود الى سياق الحال وكذلك يعود الى مواضع الاتصال اللغوية المختلفة في اثناء عملية الاتصال اللغوي [5]، ولقد اكد روبير لافونت(Robert LAFOUT)[*] أن الخوالف جمل غير اعتيادية ترتبط بالمواقف المشاعرية حيث النبرة وسياق الحال يحدان قيمة الخوالف وعلى سبيل المثال فان لغة المحادثة حيث للنبر قيمة مهمة فيها تبين ان كلمتي آه أو آوه هما جملتان متكاملتان من الناحية التركيبية ، اما في النص المكتوب فان اداة التعجب والتعبير هما اللذان يحددان ما جاء في النص.

ويرى د.تمام حسان ان الخوالف هي كلمات تستعمل في اساليب اختصاصية أي في الاساليب التي تستعمل في الكشف عن موقف انفعالي. وقسم الخوالف الى اربعة انواع :

1. خالفة الاحالة وهي التي تسمى اسم الفعل مثل صه وهيهات.

2. خالفة الصوت وهي اسم الصوت مثل كلمة كخ للطفل.

3. خالفة التعجب وهي صيغة التعجب وهي ما افعله .

4. وخالفة المدح او الذم مثل نعم وبئس [6].

لقد ارتأينا في بحثنا هذا تقسيم الخوالف الى :

الضوضاء:

في كل لغة من اللغات الحية في جميع انحاء المعمورة هنالك ضوضاء وهذا يستوجب ايجاد أو خلق اشارات لغوية لتقليد هذه الاصوات الموجودة في الطبيعة . لكن يجب ان لاننسى ـ أن هذا الابداع والخلق يخضعان لقوانين اللغة المستعملة في المجتمع ، وتختلف هذه الاشارات اللغوية التي تقلد الطبيعة (خدير الماء وزقزقة العصافير على سبيل المثال) من لغة الى اخرى وقد يحدث في هذه الحالة القرض اللغوي عندما لاتوجد ما يشبهها من اشارات في لغة ما . وقد

يقلد الانسان اصوات الاشياء فعلى سبيل المثال جـن جـن (صوت الجـرس) جـن جـن (صـوت تصادم الاقداح) بيب بيب (صوت منبه السيارة) عن عن (زيادة سرعـة السيارة) تـوت تـووت (صوت القطار) والى غير ذلك.

أصوات الحيوان:

هنالك ايضاً اصوات تخرجها الحيوانات وقد يقلد الانسـان هـذه الاصـوات وعـلى سـبيل المثال صوت القطة (ميو ميو) صوت الكلب (عوو عوو) وقـد تتشـابه هـذه الاصـوات في بعـض اللغات الحية مثل اصوات القطط (meuh) أو صوت الديكة (cocorico) .

الاصوات غير المنطوقة وغير الواضحة:

وتشتمل هذه على :

● اصوات الحيوانات:

هنالك اصوات تخرج من افواه الحيوانات وتكون هـذه الاصـوات غـير منطوقـة، وعـلى القارئ ولاسيما قارئ قصص وحكايات الاطفال اضافة الى مشاهدي التلفاز لافلام كارتون ملاحظة ذلك، فعند مشاهدة الكلب يلاحق القطة فالقطة تخرج صوتاً مـن فيهـا (ف ف كـو ش س) ويرمز هذا الصوت الى خروج الهواء من رئتي القطة الخائفة. وكذلك الكلب يخرج صوتاً غير واضح وغير منطوق (هـ هـ هـ).

● اصوات الانسان:

في مواقف مختلفة ومتنوعة تخرج من فم الانسان اصوات غير واضحة وغير منطوقة في الافلام السينمائية وافلام كارتون وهذه الاصوات عبارة عن حروف صحيحة مترابط بعضها مع بعض قد تدل على ان الانسان غاضب او نائم " بشش بشش" من الصعب جداً ايجاد حروف واضحة لتحويل هذه الاصوات غير واضحة الى حروف تدل على هذه الاصوات.

اصوات الانسان الواضحة والمنطوقة :

يمكن ان نقسم الاصوات البشرية الملفوظة الى قسمين هما:

1.   الخوالف الخاصة والتي لاوجود لها الا في اثناء استعمالها.

2.   والخوالف غير الخاصة والتي تأخذ شكلها من اشارة لغوية اخرى.

الخوالف الخاصة:

ويقصد بهذه الخوالف ،الخوالف المعبرة صوتياً والخوالف الطلبية والخوالف التعبيرية.

1. الكلمات المعبرة صوتياً:

يـرى البريـت دوزا(ت) Albert Douzat أن الكلمـة المعبرة صـوتياً التي تسـمى Lonomatopee هي نتيجة المراسلة بين الفكر والشكل التي تمثله فهي الاشارة المستحدثة لانتاج أي شكل من اشكال الضوضاء والحركة للتجريد اللغوي[7]، وقد تكون الكلمات المعبرة صوتياً :

صراخاً من الالم على سبيل المثال

مثل : أي ، اوي ،آه، اخ.

الضوضاء الصوتية وتشمل على :

- الشخير
- ضوضاء الحنجرة عند شرب الماء (الكركعة) أو النحنحة)[*]

-الظواهر الفيزيائية مثل:

- العطاس (اتش)
- الفواق(هك)
- التأوه والتنهد (اوف)، (وه)، وا
- الضحك(ها ها)
- البكاء (بوهو هو هو)

2. الخوالف الطلبية:

يقصد بالخوالف الطلبية تلك الخوالف التي تخاطب

- الانسان

مثل: قل، قل لي، قولو اذن، قف، هيه، هوب [*].

- او الحيوان

مثل: هوش (حث الحيوان على التوقف) وديــع (حث الحيوان على الســير)، وهاتـان الخالفتان تستخدمان في اللغة العامية وهنالك ايضاً خوالف اخرى:

مثل بيت بيت "للدجاج".

3. **الخوالف التعبيرية:**

هي الخوالف التي تنقل التأشيرات الشخصية من المتكلم الى المجتمع وخير مثال على ذلك:

- الخوالف التي تدل على الفشل والخيبة:
  كفى كفى اذا ، آه كفى.

- الخوالف التي تدل على الدهشة:
  واو، وا .

وتجب الاشارة هنا الى أن النبرة (شـدتها أو ارتفاعهـا أو انخفاضها) فضلاً عـن سياق الحال لها تأثيرها في تحديد نوع الخوالف.

- الخوالف التي تطلب من المتحدث السكوت أو الزجر ومثال على ذلك :
  اسكت ، اسكتوا ، اسكتي ،وصه.

- الخوالف التي تدل على الرضاء واستحسان الشيء:
  جميل ، جميل جداً، فلا[*]، مرحى.

- الخوالف التي تدل علىرد فعل تجاه حالة مختلفة مثل :
  هيا اذن .

- الخوالف التي تدل على رغبة الشخص في محو اهمية الشيء :
  باه ، طز طيط [**].

- الخوالف التي تدل على بداية فعل ما مثل :
  هيا انهلو قليلاً.

- الخوالف التي تدل على النحيب والنواح والعويل مثل :
  واسفاه ،واحسرتاه، ياللتعاسة.

وهنالك خدع لغوية كثيرة لايمكن حصرها في اللغة العربية وغيرها من اللغات الحية الاخرى في العالم تدل على انها اصوات لايمكن استبدالها بحروف أو كلمات .

بعد ان استعرضنا بايجاز الخوالف الخاصة نرى من الضروري ادراج الخوالف غير الخاصة التي تعد قليلة نسبياً قياساً بالخوالف الخاصة في اللغة العربية والتي يمكن ان نقسمها الى قسمين رئيسين استناداً الى توجيهات المخاطب والمتحدث وهما:

- الخوالف التي تدل على القسم
- والخوالف التعبيرية للمتحدث

توجيهات المتحدث:

ونقصد بتوجيهات المتحدث (المتكلم) القسم ولتعابير عن شعور المتحدث (المتكلم).

القسم:

يؤدي المتحدث (المتكلم) قسماً دينياً أو خلقياً لتثبيت حديثه وتعزيزه وقد يؤدي قسمه الى الكفر في بعض الاحيان لجهل المتحدث في امور دينية وبدون قصد ، وقد يستخدم المتحدث ايضاً كلمات تلطيفية وخير مثال على ذلك:

والله، والله العظيم، وبالرسول، وبشرفي، وبغيرتي .

تعابير عن شعور المتحدث:

فيما يخص الخوالف الخاصة بالتعابير عن شعور المتحدث يمكن ان نركز على الخوالف التي تخاطب الاشخاص المعروفين وغير المعروفين للمتحدث عند:

- طلب المساعدة والنجدة مثل :

  الي ، النجدة ، انتباه ،انتبه .

- أو عند مخاطبة شخص معروف لدى المتحدث لغرض :

1. الشكوى مثل: يا للتعاسة .

2. أو لغرض التشجيع مثل : جميل ، جميل جداً.

3. أو التهنئة مثل :برافو ، احسنت.

4. أو للترويج أو الشتيمة أو الاهانة مثل : كومة من الرعاع ، خفنه من اللصوص.

بعد ان استعرضنا الخوالف الخاصة وغير الخاصة، لابد ان نشير الى أن من المهم جداً هو تحليل الحالة والموقف في اثناء الاتصال اللغوي، لان معاني الخوالف تتغير حسب استعمالها(أف :الضجر من شيء معين. أف: الضجر من كل شيء)(8) ، وكذلك حسب سياق الحـال والموقـف لان المتحدث أو المتكلم حالما ينبس بكلمة أو جملة ثلاثة افعـال تحـدث في آن واحـد وهـي معنـى الكلام (acle locutoire) وقصد الكلام (acte illocutoire) وتأثير الكلام (acte perlocutoire).

الهوامش

1. (عرف ابن جني الصوت عندما تكلم على الصوت وعلاقته بالحرف سر صناعة الاعراب 6/1) .

2. تمام حسان ، اللغة العربية معناها ومبناها، ص66.

*. الاشارة اللغوية هي ارتباط بين الدال والمدلول حسب ما جاء به العالم اللغوي دي سوسير في كتابه "محاضرات في علم اللغة العام" "Cours de linguistipue" ".

3. انظر الجامع لاحكام القرآن للقرطبي المتوفى (567هـ) 67/1، انظر التعريفات للشريف الجرجاني ص76.

4. انظر هادي عطية، دراسة حروف المعاني، ص40 .

5. انظر: christian BAYlon et faul FABRE, Initiation a lalinguistique ,p.64.

*. انظر: Le travail et la langue ,flammarion ,p.p229-239

6. تمام حسان، اللغة العربية معناها ومبناها ،ص13-18.

7. انظر: La genie de la langue francaise, 1994,p.293.

*. تستعمل هاتان الكلمتان في اللغة العامية الدارجة والمحادثة.

*. الطلب من سائق التاكسي أو الحانة التوقف ،وتستخدم هذه الخالفة في اللغة العامية.

*. فلا: وتستخدم هذه الخالفة في اللغة العامية.

**. خالفة تستخدم في اللغة العامية للتقليل من قيمة الشيء وتستخدم عادة في المحادثة وبين اشخاص يعرف احدهما الاخر .

8. انظر: محمد التونجي، معجم الادوات النحوية ،1974،ص23.

ثبت بالمصادر والمراجع

العربية:

1. الادوات النحوية، محمد التونجي، 1974.

2. التعريفات، الشريف الجرجاني (ت 816هـ)، نشر وزارة الثقافة والاعلام، بغداد.

4. الجامع لاحكام القرآن، القرطبي، مطبعة الشعب، القاهرة.

5. سر صناعة الاعراب، ابن جني، مجموعة محققين، القاهرة.

6. اللغة العربية معناها ومغزاها، تمام حسان، مطبعة الدار البيضاء، د.ت.

7. المعجم المعلم، الحروف ومعانيها بالاستشهاد والامثلة، ج1، سعد الهواري، مكتبة الأيمان، المنصورة، 1997.

8. نشأة دراسة الحروف المعاني، هادي نهر، الموسوعة الصغيرة، وزارة الاعلام، بغداد.

الاجنبية:

1. Gerard LECOMTE, Grammaire de L Arabe, 3eme edition, p.u.f, 1980.

2. Robert LAFONT, le travail et la langue, Flammarion, 1978.

3. Albert DAUZAT, la genie de la langue Francaise, Paris, 1954.

4. Marcel CRESSOT, le style et ses techniques, precis d analyse styylistique, P.U.F, paris ,1983.

5. Maurice CREVISSE, le bon usage, DUCULOT, Grande, Bretagne, 13eme edition, 1997.